El alfabeto de los pájaros

Seix Barral Biblioteca Breve

Nuria Barrios

El alfabeto de los pájaros

Diseño original de la colección:
Josep Bagà Associats

Primera edición: febrero 2011

Avda. Diagonal, 662-664 - 08034 Barcelona
www.planetadelibros.es
www.seix-barral.es

ISBN: 978-84-322-1298-7
Depósito legal: B. 2.836 - 2011
Impreso en España
Impresia Ibérica (Cayfosa), Barcelona
Preimpresión: La Nueva Edimac, S. L., Barcelona

El papel utilizado para la impresión de este libro
es cien por cien libre de cloro
y está calificado como **papel ecológico**.

Para las madres verdaderas

Todo lo que es posible, ocurre.

Franz Kafka, *Diarios*

CUCÚ CU-CUANDO QUIERAS, VEN Y ESCUCHA LA INCREÍBLE HISTORIA DE NIX, LA ÚNICA NIÑA DEL MUNDO QUE REGRESÓ A LA BARRIGA DE LA MADRE DE LA BARRIGA, Y DEL VALIENTE CUCO QUE FUE SU GUÍA EN UN EXTRAORDINARIO VIAJE AL REVÉS CUYO INICIO ERA SU FIN Y CUYO FIN ERA SU INICIO.

ESCUCHA CON ATENCIÓN.

ESCUCHA.

CU

CUCÚ

I

EL TESORO DEL DRAGÓN

Érase una vez una niña que salió volando de China, perseguida por un dragón. El animal desplegó sus grandes alas y se elevó velozmente en el cielo hasta alcanzar el avión donde ella viajaba. A través de las ventanillas, escrutó el interior para encontrarla. Algunos pasajeros apartaron la cara, cegados por el repentino resplandor. Creyeron que el sol los deslumbraba, cuando en realidad eran los ojos llameantes del dragón.

Nadie vio sus cuernos retorcidos, las refulgentes escamas doradas que acorazaban su cuerpo, el espinazo erizado de púas. Nadie vio las enormes patas, tendidas ávidamente hacia delante; sus garras, gruesas y afiladas como lanzas, prestas a recuperar el tesoro que le había sido arrebatado.

Nadie vio aquel ser que parecía una serpiente que también fuera un león que también fuese un ángel.

Nadie, salvo la niña.

El tesoro era ella.

El dragón era invisible a los viajeros. Pendientes de la

película que proyectaban en las pequeñas pantallas de la cabina, ninguno había prestado atención a las extrañas nubes que se habían ido formando desde el inicio del vuelo. Aparecían apostadas, una tras otra, como soldados a lo largo del camino. Sólo la niña adivinó que el dragón se metamorfoseaba en nubes para seguirla. Sólo ella comprendió que él la había descubierto cuando, horas más tarde, estalló la terrible tormenta.

El dragón azotó el aire con su inmensa cola y rugió de forma tan monstruosa que el cielo saltó en pedazos. Su tesoro estaba dentro del avión, entre los brazos de una extraña. Librado a su furia, el animal aumentó de tamaño hasta anegar de tinieblas el espacio. Los pasajeros se vieron atrapados entre vientos funestos que avivaban el fuego de los rayos y afilaban el látigo de los relámpagos.

En tierra, la tormenta arrancaba los árboles y los tejados de las casas y lanzaba los animales por los aires. Vacas desorientadas sobrevolaban los campos y desaparecían en los remolinos que succionaban lo que encontraban a su paso. La arena se despegaba del suelo como una capa de piel quemada y, al chocar con la lluvia, densa y fuerte, volvía a caer. Así, a través de la tempestad, la tierra se unía con el colérico dragón y negaba un espacio donde aterrizar al avión, que crujía en el cielo.

Las luces de la cabina se encendían y se apagaban entre horrendas sacudidas. Los niños rompieron a llorar. Al principio, los mayores intentaron consolarlos, pero la tormenta era tan salvaje que pronto se unieron al llanto, creyendo que había llegado su final. La niña también lloró, aunque lo ha olvidado. Ha olvidado ese viaje, igual que ha olvidado su vida antes de subir a aquel avión. Su primera vida: las voces, los rostros, las manos, el fuelle ronco de las respiraciones en la larga sala, el frío de los pantaloncitos mojados, los sabores calientes a leche y arroz, la inmovilidad del cuerpo apresado, el roce áspero de las sábanas en la calva que abrieron las horas interminables que permaneció tumbada, el escozor del culito enrojecido siempre al aire, el olor a vómito, a lejía, a heces...

Ha olvidado los barrotes de las cunas donde se abrían y cerraban los ojos de los niños, frágiles conejitos en un hostil bosque metálico.

Ha olvidado los días y las noches, desaparecidos en un vacío blanco como el techo del gran dormitorio compartido donde permaneció durante sus primeros 14 meses.

Ha olvidado cómo sus lágrimas fluían en un llanto coral doliente y poderoso; cómo vibraba su grito, reproducido por cientos de gargantas al unísono; cómo la enfermedad sofocaba el aire de la sala en un denso sopor colectivo.

¿Qué importancia tiene un arroyo al lado del río caudaloso donde desemboca?

Ha olvidado cómo el sueño entraba a través de la nariz de los niños que dormían juntos, sin distinguir yo de ti, yo de él, yo de ella, yo de vosotros, yo de ellos.

¿Qué importancia tienen los ríos frente a la cascada en la que se precipitan?

Ha olvidado su vida antes de ser una, cuando el yo era nosotros, un ser formado por infinitos niños intercambiables y con una identidad compartida. Una criatura sin padres, pero dotada de innumerables ojos, brazos, bocas, orejas, piernas, culos, penes, vaginas y ombligos, que exigía ser alimentada, bañada, atendida. Un dios niño que era todos y cada uno de ellos. Una fuerza indiferenciada y poderosa, quimérica e inquietante, que menguaba y se regeneraba sin descanso. Imposible percibir las ausencias:

por cada bebé que se iba, antes de que se enfriaran sus sábanas, llegaban otros.

Los seres mágicos son invisibles a los hombres, pero se reconocen entre ellos. ¿Cómo no iba la niña a ver el dragón que surcaba el espacio junto al avión si en aquel tiempo ella era todavía un ser mágico? No tuvo que asomarse a ninguna ventanilla para reconocer las hierbas y los arbustos que crecían entre las brillantes escamas amarillentas. Ella sabía que la tempestad no era sino el dragón, que rodeaba el avión con su cuerpo y lo sacudía para partirlo y recuperar su tesoro, que era ella. Sabía que no eran relámpagos los que azotaban el avión, sino el dragón, que hundía sus garras y clavaba sus dientes en la piel de acero para horadarlo y recuperar su tesoro, que era ella. Sabía que no era el viento el que vapuleaba las alas del avión, sino el dragón, que las golpeaba con sus patas para arrancarlas y recuperar su tesoro, que era ella. Sabía que no eran truenos los que enloquecían a los pasajeros, sino los bramidos del dragón, enfurecido porque le habían robado su tesoro, que era ella.

Ella sabía que el dragón le había sido destinado como guardián desde su nacimiento.

Lo sabía, pero lo ha olvidado, si puede llamarse olvido a guardar parte de sí en una habitación cerrada y sin llave. Si eso es el olvido, entonces la niña ha olvidado todo. También al dragón.

Ha olvidado al dragón. También ha olvidado su lamento. El sonido más triste que nadie haya oído jamás. Cuando el animal vio alejarse su tesoro, la perla que escondía en la garganta estalló en mil pedazos y de sus fauces escapó un gemido terrible. Los pasajeros, aterrorizados, confundieron aquel grito con el ulular del viento, pero la niña sintió que algo se rompía también dentro de ella y se le oprimió el corazón. La sensación de desgarro no desapareció hasta que el dragón se precipitó en la inmensa noche oscura y las tinieblas ahogaron su lamento. Entonces amainó la tormenta, se detuvieron los vientos, se extinguió el fuego de los rayos y enmudecieron los truenos. El avión dejó de temblar y se apagaron las luces rojas que ordenaban mantener abrochados los cinturones de seguridad. El cielo quedó en silencio, mientras en el interior de la cabina estallaban los gritos de alegría.

Cuando desapareció el dragón, la niña se separó definitivamente del dios niño del que provenía. Dejó de ser parte de aquel imponente todo formado por innumerables bebés intercambiables y se transformó en Nix. Y con su nuevo nombre llegaron dos brazos, dos piernas, dos ojos, dos orejas, una boca, un padre, una madre, una hermana, un hogar, la cama donde, recostada, escuchaba con gran atención el relato de su madre:

—¿Por qué tenía el dragón una perla en la garganta?

—Todos los dragones tienen una. Esa perla es la fuente de su poder.

—¿Y por qué estalló?

—Porque el dragón no consiguió recuperar su tesoro. Y cuando la perla se rompió, el dragón perdió la fuerza y desapareció.

—A lo mejor se atragantó con la perla y se paró para toser.

—Eso es imposible. La perla había estado siempre dentro de él.

—A lo mejor se marchó porque estaba cansado.

—Los dragones nunca están cansados, son capaces de recorrer la Tierra sin detenerse una sola vez. Yo creo que él comprendió que tú, que eras su tesoro, ya no le pertenecías. Y contra eso no podía luchar.

—¿Por eso se fue?

—Sí, por eso.

—¿Y qué hice yo cuando se fue?

—Te quedaste dormida con un sueño apacible y profundo, y ya no despertaste hasta que llegamos a casa.

—¿Murió el dragón?

—No lo sé, hija.

Nix miró a su madre con expresión pensativa:

—No murió, lo sé porque era mi dragón. No murió, pero me perdió a mí y se quedó sin la perla. El dragón me da mucha pena, mamá.

La mujer apartó con suavidad el largo flequillo que se enredaba en las pestañas de su hija.

—Él sufrió mucho al separarse de ti, pero tampoco fue fácil para ti separarte de él. Durante los primeros meses que pasaste en casa, no dijiste una palabra; cuando por fin empezaste a hablar, tu voz estaba ronca y así permaneció largo tiempo, como si el estallido de la perla en la garganta del dragón también hubiese lastimado tu garganta.

Nix se tocó el cuello mientras carraspeaba.

—¿Yo también tenía una perla aquí?

—No, los niños no tienen perlas en la garganta.

—¿Yo tampoco?

—Tampoco.

—Pero a veces estoy ronca.

—Sólo cuando gritas.

—Mamá, a mí me gustaría tener una perla en la garganta. Una pequeñita.

La madre la estrechó entre sus brazos:

—Tú eres una perla pequeñita. Y ahora a dormir, que es muy tarde. Buenas noches, hija.

II

UN DRAGÓN DENTRO DE UN PÁJARO

Las historias que contaba la madre de Nix eran muy extrañas, pero a la niña le encantaba escucharlas. No recordaba nada de su primer año de vida y ese olvido antiguo era como una madriguera de sombras que no sabía nombrar ni siquiera entonces, cuando ya habían transcurrido cinco años desde que saliera de China. Durante ese tiempo, Nix había aprendido el nombre de muchas cosas: de las que veía, como papá, mamá, mar, agua o hermana; y de las que no veía, como alegría, sueño, rabia o hambre. Pero nadie le había enseñado el nombre de las sombras que se agitaban en su interior. ¿Cómo iba a explicar Nix lo que sentía si no sabía las palabras?

Era imposible.

Lo malo es que las cosas no necesitan un nombre para existir, y aquello que no se puede nombrar se vuelve extremadamente inquietante. Las sombras que hostigaban a la niña se comportaban como fantasmas, de cuyas sábanas nunca puedes tirar para descubrir qué o a quién ocultan; poseían, por lo tanto, un poder imbatible para aparecer cuando querían y ahogar el mundo de Nix bajo su siniestra invisibilidad. Sólo la madre lograba ahuyentarlas: cada una de sus historias era una llama que se encendía en la oscuridad e iluminaba el corazón atribulado de su hija.

La madre contaba, por ejemplo, que en la ciudad donde vivían había tantos dragones que era imposible dar dos pasos sin tropezar con alguno. Se encaramaban a las esquinas de los edificios, se deslizaban por los tejados, se tendían en las azoteas, se agazapaban en las puertas, dormitaban en las barandillas de las escaleras, sostenían las luces de las farolas y hasta se enroscaban en las macetas. Allá donde mirases había dragones; y, sin embargo, no era fácil verlos.

—¿Por qué?

—Porque se ocultan para que no les suceda lo mismo que al primer dragón que llegó a la ciudad.

—¿Qué le pasó?

—Lo mató un famoso guerrero.

—¿Por qué lo mató?

—Porque iba a comerse a la princesa.

—¿Por qué?

—No vas a entender el final si no te cuento antes el inicio de la historia —dijo la madre—. Escucha con atención: todo comenzó hace mucho tiempo, cuando un dragón llegó a lo alto de una colina y descubrió que allí había una fuente donde beber y una gruta profunda donde descansar. Aquel paraje era perfecto para él, pues ninguna persona podía aproximarse sin ser vista, así que decidió quedarse. Entonces empezaron los problemas.

A los pies de la colina había una ciudad cuyos habitantes siempre habían acudido a por agua de la fuente, pero ahora que el dragón vivía allí nadie se atrevía a acercarse. Sin agua se secaron los campos y con la sed vinieron el hambre y las enfermedades. Los habitantes, desesperados, subieron la colina y entregaron sus ovejas al dragón. Mientras aquella bestia descomunal con alas de vampiro devoraba las presas, sus dueños aprovecharon para llenar prestamente toneles, vasijas y cualquier objeto capaz de almacenar el agua de la fuente. A las ovejas las siguieron las gallinas, los cerdos y las vacas. Cuando no quedaban animales en los establos, llegó el turno de los pájaros, los gatos y hasta los perros. Finalmente y con gran dolor, los habitantes sacrificaron sus caballos.

Los relinchos asustados aún resonaban en el corazón de sus dueños mucho tiempo después de que el agua obtenida se hubiera agotado. El eco de los fantasmas recorre los años sin encontrar obstáculo, como el viento en un páramo.

Sin agua, regresó la sed con su séquito de enfermedades. Los vecinos no tenían nada que ofrecer al dragón. Nada, excepto ellos mismos. Llevados por la desesperación y apoyados por su rey, decidieron dejar en manos de la fortuna (o de la mala fortuna, según quiera verse) la elección de la nueva víctima, que esta vez sería uno de ellos. Anunciaron un sorteo, pero no llegaron a celebrarlo, pues un anciano se ofreció voluntario para calmar el hambre del monstruo y, de paso, la sed de sus paisanos. Así sucedió: éstos llenaron sus toneles, odres y barricas en la fuente, mientras intentaban no oír cómo crujían los viejos huesos del desgraciado entre los dientes del dragón.

Aquel sonido frágil y estremecedor se diluyó en el agua, pero tan pronto apuraron la última gota, volvieron a escucharlo. Allí estaba, esperándolos como el poso en el fondo de una vasija.

Un hombre gravemente enfermo aceptó ser la siguiente víctima, con la esperanza de infectar al dragón. Pero ningún mal le sobrevino al monstruo. Y así pasó la primavera y pasó el verano sobre la ciudad, que lentamente se iba vaciando. Condenados a morir de sed o devorados por el dragón, los habitantes esquivaban la muerte con la muerte y cada sorbo que bebían tenía un sabor funesto que, lejos de aplacar su sed, la aumentaba. Lo mismo les sucedía con su vida: cuanto más trágica era, más se aferraban a ella.

En otoño no quedaban voluntarios para ser sacrificados, pues los ancianos, los enfermos y los más débiles ya habían perecido entre las fauces de la bestia. Entonces comenzaron los sorteos, tantas veces postergados. Tras cada uno de ellos se repetían las escenas de dolor y los gestos de alegría. Lloraban los familiares de las víctimas, mientras los demás, que esa vez se habían salvado, se abrazaban aliviados.

Aún no había comenzado el invierno cuando salió elegida la princesa. Su padre no pudo negarse, pero durante toda la noche se oyeron sollozos en sus aposentos. A la mañana siguiente, la princesa escogió el más espléndido de sus trajes, bordado en oro sobre terciopelo rosado, peinó cuidadosamente sus largos cabellos, besó al afligido rey y salió de palacio. En las calles solitarias sólo los carros abandonados y los puestos de madera volcados recordaban el antiguo trasiego vociferante del mercado. Nada quedaba de las alegres pilas de frutas y verduras, del brillo apagado de las carnes sanguinolentas, de las hileras de conejos colgados de las patas igual que peludas cortinas, de los relucientes pescados con sus nubes de moscas, de las coloridas especias que coronaban como flores los sacos...

Ningún perro siguió a la princesa. Ningún gato se alejó a la carrera. Ningún pájaro pió. Nadie salió a despedirla. Numerosas puertas y ventanas estaban abiertas, pero ningún sonido salía de ellas, pues sus moradores habían sido devorados. Aquellos que aún permanecían vivos se habían encerrado para que la princesa no escuchara sus llantos. Lloraban por los que murieron, lloraban por la que caminaba hacia su fin, lloraban por ellos mismos, pues su muerte sería la próxima.

En las calles vacías resonaban los pasos de la princesa y su eco alcanzaba la sala de palacio donde el rey, paralizado, oía a su hija alejarse hacia la muerte.

Cuando la princesa hubo traspasado las murallas, los cuervos anunciaron su marcha como ásperas trompetas negras.

Luego, silencio.

La joven atravesó los campos y llegó hasta la cueva, en cuya entrada la aguardaba el dragón. Sus poderosas patas traseras se hundían entre trozos dispersos de carne, pequeños huesos y restos de los infortunados que le habían servido de alimento. El sol arrancaba destellos verdes del cuerpo de la bestia, largo y sinuoso como un río. Pero nada resplandecía tanto como la princesa: relampagueaban los diamantes de sus broches, relumbraba el oro de su vestido y su cabello rubio parecía arder como una llama.

Absorto ante esa luminosa belleza, el dragón no divisó al extraño que galopaba sobre un caballo blanco hacia la colina. Ni siquiera percibió el retumbar de los cascos ladera arriba. Cuando se giró, el jinete, oculto bajo una armadura negra, ya se abalanzaba sobre él. El dragón no vio la lanza; sólo sintió la honda quemadura que le atravesó la garganta. El dolor le hizo trastabillar. Desplegó las alas puntiagudas y tensó la cola de serpiente para no caer. Los negros círculos dibujados en sus alas se abrieron como ojos torvos. Bramando agónico, avanzó hacia el hombre. Entre los afilados colmillos venenosos silbaba su larga lengua, roja como la sangre que salía a borbotones de la herida. La pestilencia de su aliento llegó a la ciudad y más de uno se persignó entre arcadas, pues tal ponzoña sólo podía provenir de Satanás.

Ni el hedor ni la horrenda visión hicieron retroceder al guerrero. Al contrario: aferró con mayor determinación la lanza para que el animal no pudiera arrancarla de su garganta. Era inmensa la fuerza del monstruo, pero cada paso que daba hacia su enemigo clavaba más honda la muerte, prendida en la punta de la lanza. Cuando se derrumbó, su gigantesco cuerpo se hundió blandamente en el suelo, anegado de sangre.

El guerrero montó a la princesa en su caballo y juntos regresaron a la ciudad. El delicado vestido de la joven destacaba de tal manera contra la armadura negra que quienes los vieron aproximarse pensaron que el jinete llevaba una rosa entre los brazos.

—¿Se casaron? —preguntó Nix.

—No.

—¿Por qué?

—Porque al guerrero lo nombraron santo y los santos no pueden casarse, por muy guapas que sean las princesas. Se marchó en busca de otros dragones, pero sucedió que los que lograban escapar de su lanza se refugiaron en la ciudad de la princesa.

—¿Y el guerrero no regresó para matarlos?

—No, porque esos dragones tuvieron tanto cuidado en pasar inadvertidos que el guerrero nunca se enteró de que estaban allí. Y así ha sido desde entonces. Vivimos entre dragones, pero tienes que abrir bien los ojos para verlos porque ellos se disfrazan como si fuesen camaleones. Parecen de hierro cuando se enroscan en las verjas y en los balcones, de piedra cuando escalan los muros, de mármol cuando se detienen en las escalinatas y de madera cuando se esconden entre los relieves de los portalones. Han desarrollado hasta tal punto el arte del camuflaje que les basta con oscurecer sus escamas para pasear sin peligro por el tejado de la catedral. Hay incluso algunos que viven tranquilamente en los parques, revestidos con mosaicos de colores.

Y así termina la historia del dragón que quiso devorar a la princesa.

Aquel relato fue el favorito de Nix durante mucho tiempo. Cada tarde jugaba a representarlo con Nox, su hermana pequeña. Pero las historias son como las cajas chinas: cada una contiene otra historia diferente que, a su vez, encierra una nueva historia. Basta un narrador distinto para que las cajas se abran y los personajes se desplacen de una a otra para protagonizar relatos que son los mismos y, sin embargo, ajenos. El día que la madre irrumpió en el cuarto de sus hijas para averiguar el porqué de sus gritos, descubrió que la historia del dragón y la princesa había dado origen a otra.

—¡Quiero ser la princesa! —gritaba Nox.

—¡Tú eres el guerrero! ¡La princesa soy yo! —gritaba Nix.

—Chisss —ordenó la madre. Cuando se hizo el silencio, se volvió hacia su hija pequeña—. ¿Por qué no quieres ser el guerrero? Es el héroe del cuento.

—El guerrero es malo. ¡Va de negro! —protestó Nox.

—El guerrero es bueno; el malo es el dragón —dijo la madre.

—¡No! —protestó esta vez Nix—. ¡El dragón es bueno!

—¿Cómo va a ser bueno si quiere comerse a la princesa? —preguntó la madre, pero sus hijas negaron enérgicamente con la cabeza.

—El dragón es bueno, mamá. Cuéntaselo, Nix —Nox se volvió hacia su hermana con la absoluta confianza con que siempre la miraba. La pequeña tenía una carita luminosa donde todo sonreía: la boca, claro, pero también los ojos y los mofletes con sus hoyuelos y hasta su nariz pareció dilatarse en una gran sonrisa. Bastaba mirarla para sentirse alegre—. Cuéntaselo.

Aquél era un juego que Nix había aprendido de su madre. Como ella, cerró los ojos un instante. Nox se tumbó boca abajo y se quedó inmóvil, mientras la contemplaba fascinada. Cuando Nix contaba una historia, ella no entendía todo lo que decía, pero entendía su voz. Aquella vocecita ronca le decía por debajo del relato: yo soy tu hermana. Nix abrió los ojos y empezó a hablar. Nox suspiró de felicidad.

—Érase una vez una princesa que no tenía padres. Pero la princesa nunca estaba triste ni los echaba de menos porque un dragón cuidaba muy bien de ella. Ella también cuidaba del dragón porque él tampoco tenía ni padre ni madre. Sólo se tenían el uno al otro y se querían mucho. El dragón era tan grande que siempre tenía un hambre enorme y todos los días salía en busca de comida. Cuando regresaba a la cueva donde vivían, llevaba palomas y zorros para la niña y una vez le trajo una gallina, pero a ella le daban pena los animales muertos y prefería comer fruta. Por eso había siempre trozos de carne, plumas y huesos revueltos en la entrada de la cueva, y el olor no era muy bueno. Pero al dragón y a la princesa no les molestaba porque estaban acostumbrados.

Por las noches, se tumbaban bajo las estrellas y él cantaba para la princesa y cantaba muy bien porque los dragones tienen una perla muy bonita en la garganta. Cantaba tan bien que todos los pájaros callaban para escucharlo y la niña se dormía y no tenía pesadillas.

Vivían muy felices hasta que apareció el monstruo. Tenía dos cabezas, una era blanca y la otra era negra, y la parte de abajo del cuerpo era blanca y la parte de arriba era negra y en la mitad de arriba tenía un enorme aguijón que también era negro. El dragón abrió las alas para defender a la princesa y el aguijón le atravesó la garganta, destrozó la perla y lo mató. La pobre princesa se quedó sin padre ni madre ni dragón. Estaba muy triste, más triste que cuando se quedó sin padres porque a ellos nunca los había conocido, pero al dragón lo conocía desde pequeña. Lloró tanto que se quedó afónica y cuando volvió a hablar estaba ronca y ahora cada vez que está ronca se acuerda de su dragón.

Y ésta es la historia del dragón y la princesa.

—Yo quiero ser la princesa —dijo Nox y se puso en pie de un salto para empezar a jugar.

—No —dijo Nix, moviendo de un lado a otro la cabeza.

La madre miró a su hija mayor y vio a la princesa.

La niña no conocía las palabras para nombrar las sombras que se agitaban en su interior, pero había descubierto otro camino para hablar de ellas: contaba de día las historias que la madre le contaba por la noche. En la boca de Nix eran iguales, pero distintas.

La madre le había contado que un dragón cuidó de ella desde que nació. Y que sólo él la había seguido cuando dejó China, decidido a no perderla.

El corazón de la niña pertenecía al dragón. Su amor había convertido al monstruo en héroe y al héroe en monstruo.

La madre sintió una punzada al pensar que, en la historia de Nix, su marido y ella eran el monstruo de dos cabezas que había arrebatado la niña al dragón.

—¡Yo quiero ser la princesa! —repitió Nox.

—¡No! —vociferó Nix.

Nox se volvió hacia su madre y empezó a hacer pucheros.

—¿Por qué no le dejas que sea la princesa una sola vez?

—El dragón me ha elegido a mí. —Nix levantó los brazos para que su madre la cogiera—. Llévame al balcón, verás cómo tengo razón. Yo soy la princesa.

La mujer aupó a su hija mayor.

—Yo también quiero —Nox corrió hacia ellas y alzó los brazos.

—¡No, tú no! ¡Vete! —dijo Nix sin mirarla siquiera, pues era una niña extraordinariamente sensible, pero también imperiosa y, en ocasiones, algo violenta.

Nox, que adoraba a su hermana, salió de la habitación sin protestar.

—¿Ves el dragón, mamá? —El cuerpo cálido de Nix vibraba de excitación, mientras señalaba el balcón.

La mujer sujetaba a su hija entre los brazos, como había hecho en el avión cuando salieron de China. En el alero del edificio de enfrente había un dragón de piedra. Tenía las garras clavadas en la pared y su cola de serpiente caía larga y retorcida sobre el muro. La madre miró hacia abajo: en lugar de la oscuridad rasgada por la tormenta donde transcurría su relato, el sol iluminaba la calle, las papeleras verdes, las bicicletas limpias, los perros con correa. El dragón era el único elemento discordante en aquel lugar ordenado y formal, donde hasta los gritos de los niños parecían orquestados.

La niña bullía como un pájaro entre sus brazos.

—¡Agáchate! ¿Lo ves?

—¿Qué?

—¡Me está mirando!

—¿Quién?

—Pues el dragón. Haz lo que te diga: ¡Escóndete detrás de la silla! ¡Quédate quieta! ¿Lo ves? ¿No? ¡Siéntate! Mira, mira ahora. ¡Levántate! ¡Da un salto!...

—¡No puedo más! —la madre, agotada, se dejó caer en la cama.

—¿Has visto cómo me sigue con la mirada? —Nix giraba la cabeza sin descanso del dragón a su madre y de su madre al dragón.

—Mmmm.

—No te mira a ti, sólo a mí —puntualizó la niña—. ¿Lo has visto?

La madre observó los ojos brillantes de su hija y luego los ojos del dragón, grises y apagados.

—Mmmm.

—Mmmmúúúúú, mmmmúúúúú —imitó irritada Nix—. Pareces una vaca.

Dio una patada en el suelo y, con el ceño fruncido, exclamó:

—Yo creo que es el dragón que me cuidaba en China cuando era pequeña.

La madre vaciló un momento antes de contestar. Su marido le advertía a menudo del peligro que encerraban las historias que le contaba a Nix sobre China. Temía que la niña se refugiara en la fantasía para evitar la verdad. Temía que respondiera al dolor de su abandono abandonando la realidad. La madre sabía que nada ni nadie podrían evitar a su hija el dolor que marcaba, como un hierro, el inicio de su vida. Pero creía en el poder de la imaginación para liberar a la niña del cepo de lo sucedido. Para darle alas en lugar de cortárselas. Para evitar que ese sufrimiento condenase el resto de sus días.

La madre creía eso, pero aun así que un dragón inventado por ella se materializase frente al dormitorio de su hija no le pareció una buena idea.

—Tu dragón era chino y éste es un dragón de nuestra ciudad —dijo cautelosa.

—¿Cómo sabes que no es chino? ¡Todos son dragones!

—Son diferentes.

Nix miró con recelo a su madre.

—Muy diferentes. Pertenecen a la misma familia, como si fuesen primos, pero los dragones chinos son luminosos y dan buena suerte, mientras que los de nuestra ciudad tienen fama de causar muchos problemas. El dragón de enfrente no es chino. Fíjate bien en su cara.

Nix negaba con la cabeza, mientras su madre señalaba el hosco rostro inmóvil tendido hacia ellas, las feroces fauces abiertas.

—¡Es mi dragón de la guarda!

—No, Nix, tu guardián era chino y ése..., ése no es chino.

Nix frunció con más fuerza aún el ceño. De su ciudad o de China, el dragón despuntaba como una sólida roca en la oscuridad de su primer año de vida.

—¡Me da igual de dónde sea! ¡No es lo que parece: es feo y tiene alas, pero me protege!

Cuanto más gritaba la niña, más ronca sonaba su voz,

como siempre le sucedía antes de perder el control y estallar en una rabieta.

La madre dijo las palabras exactas para detenerla:

—Tienes razón: las cosas no son como parecen. Tú eres una niña, pero también un dragón y él te ha reconocido.

—¿Yo soy un dragón? —preguntó Nix, incrédula, pero no se movió.

—También eres un pájaro, pero naciste en el año del Dragón Dorado y...

—¿Un pájaro? ¿Yo soy un pájaro? ¿Dónde tengo las alas?

La mujer se aproximó a la niña, levantó su camiseta y tocó suavemente la parte superior de su espalda.

—Aquí y aquí estaban tus alas cuando eras un pájaro. Luego las perdiste y te convertiste en una niña-pájaro.

Nix giró la cabeza sobre el hombro derecho y luego sobre el izquierdo para ver los dos lugares que señalaba su madre.

—¿Dónde? ¿Dónde?

Por más que torcía el cuello, no veía nada, así que su madre le llevó los brazos hacia atrás de manera que los omoplatos sobresalieron ligeramente de la espalda. Los dedos de la niña tantearon lo que parecían restos de dos pequeñas alas.

Abrió la boca para hablar, pero estaba tan asombrada que no le salían las palabras. Su madre le llevó entonces la mano hasta el corazón:

—¿Ves lo rápido que late? Así de veloz late también el corazón de los pájaros. Ellos viven muy deprisa: mueven las alas a gran velocidad, respiran más rápidamente que cualquier otro animal y su corazón también late más rápido. Tú has heredado esa urgencia, por eso eres tan impaciente, porque quieres que todo suceda en el instante en que lo deseas.

Los ojos de Nix estaban tan abiertos que parecían los enormes cristales redondos de unos prismáticos. Al lado de sus ojos mayúsculos, su nariz y su boca resultaban minúsculos. Así se veía su cara mientras escuchaba a su madre:

O j O

s

—¿Entonces soy una niña y un pájaro y un dragón?

—Eso es, eres un pájaro que parece una niña que también es un dragón. O, si quieres, eres una niña que lleva dentro de sí un pájaro que lleva dentro de sí un dragón.

—¿Tengo dentro un dragón?

La madre asintió.

—¿Es pequeño? ¿Está vivo? ¿Dónde está? ¿Dónde? —Nix se tocaba el cuerpo intentando localizar al animal.

—No sé dónde se esconde, pero sé que está ahí y que está vivo porque, cada vez que te enfadas, de tus ojos salen rayos.

—¿De verdad?

—Sí.

—¿El dragón está aquí dentro? —Nix empezó a palparse los ojos.

—Sí.

—¿De verdad?

—No.

Nix miró a su madre enfurruñada y ésta se echó a reír:

—No es un dragón, sino una dragoncita.

La niña corrió al baño y acercó la cara a la lámina plateada del espejo, pero no vio nada. Aquello no la desanimó, pues tenía un carácter muy obstinado.

Durante las semanas siguientes, olvidó la historia del dragón y la princesa, y dedicó todas sus energías a descubrir «su» dragona. Lo malo era que cuando estaba furiosa no se acordaba de mirarse en el espejo y que cuando iba a buscarla, no estaba furiosa. Así no había forma de pillar al animal. Pero no le importó. Las palabras de su madre resonaban dentro de ella, tranquilizadoras como la tenue luz de una veladora en medio de la oscuridad. Ese efecto tenían siempre sus historias: eran semillas y la imaginación de Nix, el terreno fértil donde crecían.

Así, a veces, se despertaba durante la noche y sorprendía la cola erizada de púas de la dragona que, sobresaltada por el repentino movimiento de la niña, corría a esconderse. Desaparecía tan rápidamente que a Nix nunca le daba tiempo a ver su cabeza ni su cuerpo, pero la sombra del poderoso apéndice recorría un instante las paredes, surcaba sinuosa la blanca puerta de madera y cruzaba el techo como la cinta de una cometa.

En ese territorio donde se confunden la realidad y los sueños, los ojos de la cría se deslizaban por el trazo oscuro que se curvaba suavemente aquí y allá como un tobogán. Nix sonreía porque esa sombra, lejos de asustarla, la calmaba. Aquella cola hablaba del tiempo que había vivido en el mundo donde había nacido y, de una manera que no comprendía, daba sentido a sus días en el mundo donde ahora vivía. Era el camino que enlazaba el presente con un pasado tan huidizo como la dragona que, de nuevo, había logrado escabullirse. Para que volviera a salir, la cría bostezaba ruidosamente y cerraba los ojos con la esperanza de engañarla.

Si la dragona salía entonces o no salía, Nix no lo sabía porque el movimiento ondulante de su cola la relajaba tanto que caía profundamente dormida.

Mucho tiempo después de que las historias de dragones quedasen olvidadas bajo otras historias, Nix aún recordaría la cola de su dragona deslizándose por las paredes de su cuarto. Creando en torno a ella un espacio protector donde nada ni nadie pudiera atormentarla.

III

EL ARMARIO DE LAS LENGUAS

Nix tenía seis años, dos ojos mayúsculos y una hermana minúscula. Sus padres y ella habían ido a China a buscar a Nox hacía tres inviernos. Fue la primera misión importante que emprendieron como familia. A Nix le gustaba que su madre le hablara del viaje por eso y por muchas otras razones: aquel vuelo a China marcó el fin del breve periodo en que había pasado de ser una más a convertirse en la única aunque, al mismo tiempo, dejó clara su importancia como hermana mayor. Pero, sobre todo, a Nix le gustaba que su madre le contara aquel viaje porque la historia, siendo siempre la misma, era, en cada ocasión, distinta. El relato comenzaba con palabras que nunca eran iguales y describía aventuras que la niña, a pesar de haber participado en la expedición, no conocía.

Las palabras llegaban hasta ella de una en una, como una fila de hormigas. Nix escuchaba con gran atención aquello que nunca había escuchado hasta que, de repente, algo hacía «clic» y, en ese instante, reconocía lo que su madre le estaba contando. Poco importaba que no se pareciera a lo vivido: era, exactamente, lo que había sucedido. Nix no sabía cuándo ni cómo ocurría, pero en algún momento de la narración las palabras se abrían a ella, igual que nueces, y le mostraban la materia de que están hechas las historias: su sabor, su olor, su tacto; la verdad que late en la fantasía; la semilla. Entonces la niña hacía suyo el relato y se adentraba en él.

Madre e hija recreaban juntas el viaje a China y hacían surgir de la nada a Nox, igual que a un pez minúsculo traído a la superficie desde las vastas aguas profundas.

En alguna de aquellas ocasiones, mientras hacía de narradora, la niña había sorprendido cómo cambiaba la mirada de la madre al escucharla. No sabía qué palabras, entre todas las que había dicho, habían causado su asombro, pero eso no empañaba el placer que sentía entonces.

Así, jugando, Nix iba aprendiendo el poder de las palabras.

—Cuéntame la historia de cuando fuimos a buscar a Nox.

La lámpara de la mesilla iluminaba suavemente a la niña. Metida en la cama, alisaba el edredón con una mano, mientras con la otra hacía señas a la madre para que se sentara. Fuera del amable círculo de luz, los zapatos, la ropa, los libros, los rotuladores y los juguetes parecían piedras oscuras desperdigadas sobre la alfombra.

Aquélla era la hora preferida de Nix: Nox ya estaba dormida y su padre se encontraba en el salón frente al televisor encendido, con el periódico en las manos y la bandeja de la cena sobre las piernas. Entonces su madre entraba a darle el beso de buenas noches y se quedaba un rato a su lado, para ella sola.

—Cuéntame todo desde el principio —insistió.

La madre cerró los ojos un instante. Cuando los abrió,

Nix supo que había hallado nuevas palabras para relatar la vieja historia.

—Muy pronto llegará el frío y los pájaros han empezado a abandonar sus nidos para ir hacia el sur, donde ahora es verano. ¿Te has fijado en las bandadas que cruzan el cielo desde hace unos días?

La niña negó con la cabeza. La mujer rescató de la penumbra una hoja de papel y un lápiz y empezó a pintar.

—Los pájaros viajan siempre en grupo y, al avanzar, forman en el cielo una figura puntiaguda. Aunque la silueta que trazan es siempre la misma, algunas personas afirman que es una flecha y otras aseguran que se trata de una uve. ¿A ti qué te parece: una uve o una flecha?

Mostró a su hija el dibujo que acababa de hacer.

PAPÁ
–
–
–
–
– **MAMÁ**
–
–
–
–
NIX

—¡Somos nosotros! —exclamó Nix.

—Claro, las familias viajan siempre juntas. Ésta era nuestra bandada cuando fuimos a China. —La mujer deslizó un dedo por el dibujo—: ¿Qué es: una flecha o una uve?

—Una flecha.

—Eso me parece a mí, pero tu padre no piensa lo mismo. Él asegura que los pájaros vuelan en formación «gramatical» para que nadie olvide que «ave» se escribe con uve.

—¿Uve? ¿Eso es una uve?

—Eso dice tu padre. —La madre giró el papel de manera que la flecha apuntara hacia abajo—. Así lo ve él.

Nix miró detenidamente el dibujo y se encogió de hombros.

—Mamá, ¿tú ibas delante cuando fuimos a China?

—Unas veces iba yo y otras iba papá. Como el trayecto es muy largo, nos fuimos turnando, igual que hacen las aves que guían las bandadas. No existen mejores maestros que los pájaros para viajar. La única razón que les impulsa a alzar el vuelo es la felicidad, y la felicidad era también nuestra única razón para ir a China.

—¿Los pájaros van a China para ser felices?

—A China y a países todavía más lejanos. Algunas aves cruzan todo el planeta, de Norte a Sur y de Este a Oeste, para alcanzar el sitio elegido. Desean llegar con tanta fuerza que no les importan la distancia ni el esfuerzo ni los peligros del viaje. Atraviesan océanos inmensos, donde las olas furiosas les escupen; sobrevuelan montañas muy altas, donde el aire les lanza alfileres de hielo, y cruzan desiertos, donde el cielo oculta bombas de fuego.

La madre, al hablar, abría y cerraba las manos y la niña veía escapar de ellas el agua, los alfileres, el fuego.

—En el camino encuentran corrientes de aire, que son como largos pasadizos invisibles que existen en el cielo. Cuando los pájaros entran en uno, ya no necesitan batir las alas para avanzar porque allí el aire los impulsa. Entonces planean veloces sobre el mundo, ligeros y poderosos igual que ángeles. Ésa es la parte más placentera del viaje, pero la mayor parte del tiempo el vuelo es muy difícil y, a menudo, el viento sopla con fuerza contra las aves. Muchas son devoradas, otras caen tiroteadas por cazadores o mueren de sed o perecen envenenadas por los pesticidas que hay en los campos. Pero la muerte de sus compañeras no hace retroceder a las que sobreviven. Nada las detiene porque saben que, al final del viaje, serán felices.

—¿En China son felices?

—Los pájaros que han elegido viajar allí son muy felices cuando llegan.

—¿Papá y tú fuisteis a China para ser felices?

—Sí. La primera vez que volamos a China fue para buscarte y tres años después regresamos contigo para buscar a tu hermana. Papá y yo éramos aventureros, igual que los pájaros, y vosotras erais nuestra ventura. Ahora que os tenemos a ti y a Nox, somos muy felices.

La niña sobrevolaba las palabras de la madre, intentando comprender lo que no entendía.

—¿Yo fui a China con vosotros para ser feliz?

—Eso es. ¿No eres más feliz ahora que tienes una hermana?

—No me acuerdo de antes —respondió Nix—. ¿Está muy lejos China?

—Lejísimos.

—¿Cuánto?

—Miles de kilómetros.

—¿Cuántos? —La niña abrió los dedos de las manos—. ¿Siete? ¿Tres? ¿Nueve?

—Más.

Nix extendió las piernas:

—¿Más que todos los dedos de las manos y de los pies?

—Sí, hay más de 10.000 kilómetros.

—¿Eso es mucho?

—Muchísimo.

Nix palpó los brazos de su madre.

—Pero, mamá, ¿cómo van a aguantar un viaje tan largo las mamás pájaro con unas alas tan flacas?

—Resisten porque piensan continuamente en la dicha que les aguarda. Pero no sólo se cansan las mamás pájaro. Aunque te parezca mentira, los que más se cansan son los pájaros más grandes y corpulentos.

—¿Por qué?

—Porque son ellos quienes van abriendo el camino por donde pasarán los demás. Nosotros apenas lo notamos, pero el aire es como un muro transparente que es preciso desplazar para moverse. El pájaro guía señala la dirección hacia donde se dirige la bandada mientras empuja el cielo con sus robustas alas para ayudar a los que van detrás. El esfuerzo es tan extraordinario que uno solo, por fuerte que sea, no puede hacer ese trabajo durante todo el viaje. Los más vigorosos de la bandada, aquellos que tienen las alas más musculosas, se van turnando: cuando el que guía la flecha no puede más, otro lo sustituye y él se va detrás a descansar. Allí, en la cola, el vuelo es fácil y tranquilo porque el aire no ofrece resistencia.

La madre separó sus largos brazos del cuerpo y los movió lenta y poderosamente. Las mangas verdes de su chaqueta se abrían y cerraban en el círculo de luz. Nix abrió los brazos, cerró los ojos y comenzó a volar. El aire, donde aleteaban las diminutas mangas rosas de su pijama, le llevaba el olor y las palabras de la madre:

—Cuando yo estaba agotada, papá me sustituía como guía, y así nos fuimos turnando hasta llegar a China. Entonces descendimos y, como estábamos muy fatigados, buscamos un hotel para recuperar fuerzas, igual que hacen los pájaros.

Nix cerró los brazos y abrió sus ojos mayúsculos.

—¿Hay hoteles de pájaros?

—Claro, aunque no se llaman hoteles, sino dormideros.

—Como mi habitación —dijo la niña.

—No, tu habitación se llama dormitorio, no dormidero.

—¡Ah, dormidero! ¡Qué nombre tan chulo! Yo quiero ir a uno. ¿Dónde están los dormideros de los pájaros?

—En muchos sitios: en los árboles, en los tejados, en los prados, en los tendidos eléctricos, en las lagunas... En cualquier rincón donde ellos se sientan a salvo de sus enemigos, allí donde no les puedan disparar los hombres ni atacar los animales de dientes afilados.

—¡Qué suerte poder dormir en tantos lugares!

—No creas que siempre les resulta fácil hallar un dormidero, sobre todo cuando vuelan sobre el mar. A veces llevan 24 horas seguidas en el aire y cuando, en el límite de sus fuerzas, deciden detenerse no encuentran ningún lugar donde descansar. Durante el viaje han sobrevolado motoras, barcos pesqueros, plataformas, boyas, embarcaciones de pasajeros... Pero, ahora que necesitan desesperadamente un refugio, sólo ven agua y olas. Por eso las golondrinas vuelan siempre en alta mar con una ramita en el pico; cuando necesitan parar, la dejan caer y se posan sobre ella, como en una balsa. ¿A que son listas?

La niña asintió.

—Las golondrinas son pequeñas y muy listas, como tú —declaró la madre.

—¿Yo llevaba una ramita cuando fuimos a buscar a Nox?

—No te hizo falta, volamos de un tirón hasta China.

—¿No descansamos en ningún dormidero?

—Después del viaje, paramos en dos: primero en Pekín y luego en la ciudad donde nos esperaba tu hermana. ¿Te acuerdas de lo chiquitita que era Nox?

Nix frunció el ceño. El tamaño de su hermana no era precisamente lo que mejor recordaba.

—No dejaba de llorar.

—Pobrecita, estaba asustada.

—No me dejaba dormir.

—Tampoco papá y yo dormíamos: Nox no paraba de llorar y tú no parabas de protestar.

—¡No dejaba de chillar!

La madre sonrió:

—Una mañana te levantaste, viniste derecha hacia mí y me preguntaste por qué no la devolvíamos. ¿Te acuerdas?

—¡No me dejaba ver la tele!

—Bueno, eso no es exactamente así. El día que encendiste el televisor y en la pantalla apareció una ópera china, dejaste de escuchar a tu hermana. Te quedaste hipnotizada, ni pestañeabas. Igualito que un pájaro cuando escucha cantar a otros pájaros. Ni siquiera protestaste cuando Nox empezó a berrear; seguías la música con tanta atención como cuando oyes a Carla Bruni.

—¡Imposible! —aseguró tajante la niña.

Desde hacía meses, Nix escuchaba a la cantante francesa con la voracidad incansable de los niños cuando algo les gusta. Oía sus canciones una y otra vez, y se había aprendido las letras sin conocer qué significaban las palabras, pues no sabía francés. Esa música melancólica y pegadiza despertaba un eco dentro de ella y, lejos de afligirla, la hacía sentir bien.

—La ópera china te gustaba tanto —insistió la madre— que, cuando llegó el momento de regresar a España, papá te cogió en brazos y dejamos la tele encendida y la puerta de la habitación abierta para que siguieras escuchando la música mientras nos alejábamos.

Nix recordaba el placer y la tranquilidad que había sentido al escuchar aquella melodía en el televisor. El sonido había entrado en ella con la suavidad con que una rama atraviesa el agua. No necesitaba saber el idioma de las canciones para entenderlas. La música era para ella igual que una casa con una hermosa sorpresa en cada una de sus estancias.

Los otros recuerdos de aquel viaje no eran tranquilos ni placenteros. Recordaba los golpes en la puerta, dos gruesos brazos que se introdujeron en la habitación y les ofrecieron una niña diminuta, el estallido del llanto de Nox. Recordaba las lágrimas de su madre. Recordaba los berrinches que se oían detrás de cada puerta del largo pasillo del hotel. Recordaba que en la habitación eran cuatro y no tres, como antes. Recordaba a los bebés pálidos e inmóviles con sus nuevos padres a la entrada del hotel cada mañana. Recordaba que los brazos de su madre ahora estaban ocupados. Recordaba el olor y el sabor de comidas que no le gustaban. Recordaba que la gente la paraba continuamente por la calle para acariciarla y hablarle, aunque ella jamás contestaba porque no comprendía lo que le decían. Había olvidado el idioma igual que había olvidado el comportamiento de esos chinos que en nada se parecían a los que vivían en su barrio. Los chinos de su ciudad se sentaban a las puertas de sus tiendas y, cuando ella y Nox pasaban con sus padres, ni siquiera las miraban. Sabían que ellas eran diferentes.

Nix sujetó la hoja donde su madre había pintado la

flecha que formaron cuando volaron a por Nox. China podía ser el lugar donde sus padres habían encontrado la felicidad, pero para ella era un sitio extraño e inquietante. Giró el papel para que la flecha apuntara en la dirección contraria. Quería salir de China cuanto antes.

—¿Dónde iba Nox cuando regresamos? No había sitio para ella en la flecha.

—Tu hermana nació en el año de la Cabra, pero era tan diminuta y tenía tan poca fuerza que parecía un frágil corderito. Como apenas se sostenía en pie, tuve que llevarla en brazos durante todo el viaje.

—Me acuerdo muy bien —dijo Nix—. Tuvimos que volar muy rápido porque una Cabra gigantesca nos perseguía para apoderarse de Nox. Tenía dos grandes cuernos retorcidos, unos feos ojos redondos que daban vueltas como un tiovivo y un pelo muy sucio y largo donde se enredaban las nubes y los pájaros. La Cabra gritaba muy fuerte, «¡Nooox! ¡Noooox!», como hacen las ovejas, y cada vez que decía «Noooox» escapaba de su boca un aliento apestoso. El olor era tan horrible que Nox no paró de llorar y a mí me dolió la tripa todo el viaje.

Nix movía excitada los brazos y las piernas mientras describía la monstruosa cabra. El arte de contar no es muy distinto a jugar a la comba: en el círculo que crea la cuerda se suceden las escenas de la historia; hay que esperar el instante adecuado para entrar a saltar sin fallar. Ella ya había encontrado el momento y ahora se adentraba segura en el relato.

«¡Más rápido!», os gritaba, «¡más rápido!» De repente, la Cabra gigante miró abajo y vio una pradera verde, verde como un puré de guisantes, y le entró tanta hambre que se lanzó en picado y cayó sobre unos cazadores, que estaban escondidos debajo de un arbusto para matarnos con sus escopetas, y los aplastó y ella se rompió las patas y ya no pudo continuar persiguiéndonos. Desde el suelo, gritó «¡Nooox! ¡Noooox!», pero ya no la oímos, porque volábamos a la máxima velocidad. Cuando llegamos a casa, Nox no estaba ronca porque la Cabra no tenía una perla en la garganta, como mi dragón, sino un ajo enorme. Por eso le olía tan mal el aliento... Y a Nox, a veces, también.

—¡Serás mala! —la madre le guiñó un ojo antes de recoger el edredón, que había caído al suelo, y arroparla. Bajo la mirada atenta de su hija, pintó con trazos seguros la flecha de la familia.

MAMÁ

-

-

-

-

NOX -- **PAPÁ**

-

-

-

-

NIX

—Cuando la Cabra se estrelló —siguió la madre—, formamos una flecha impresionante: Nox era la cola y papá, tú y yo éramos la cabeza puntiaguda —dijo deslizando un dedo por el dibujo.

—¿Te turnaste con papá en el camino?

—No pude, tenía que vigilar a Nox.

—Ahora me acuerdo: yo me turné con papá.

Nix dibujó una nueva flecha. En la cabeza situó a sus

padres, en el extremo de la varilla, a Nox y en la punta de la flecha se dibujó a sí misma.

—Yo puedo ser el pájaro guía porque tengo los ojos mayúsculos para ver bien el camino. —Y, al decirlo, abrió los párpados todo lo que pudo.

PAPÁ

-

-

-

-

NOX -- **NIX**

-

-

-

-

MAMÁ

La madre sonrió al contemplar el rostro de su hija cuando le tendió el dibujo:

O j O

V

—Tú no podías pilotar la flecha porque eras muy pequeña —le dijo—. Papá fue nuestro guía durante el largo camino y resistió como el más resistente de los pájaros.

La sonrisa desapareció de la cara de Nix.

—¿Entonces yo qué hice?

—Tenías una misión muy importante: debías encontrar el camino si papá se perdía.

—¿Cómo?

—Preguntando.

—Pero eso lo podía hacer papá.

—No, él no podía. Los únicos capaces de indicarnos la ruta eran los pájaros. Ellos vuelan sobre el mundo y conocen todas las direcciones. Saben dónde hay que girar a la derecha y dónde a la izquierda, cuándo hay que seguir recto, en qué punto hay que tomar un atajo y qué zonas es preciso evitar. De nada habría servido que papá les preguntara, porque no los hubiera entendido. Pero tú, sí.

—¿Yo?

—Claro, eres una niña-pájaro.

Nix palpó las pequeñas alas puntiagudas en su espalda y asintió.

—Eres muy afortunada —continuó la madre—, porque no hay mejores consejeros que los pájaros. Desde el cielo ven lo que ha sucedido, lo que sucede y lo que está a punto de suceder. Tienen una vista increíble.

—Yo también —Nix abrió sus ojos mayúsculos.

—Bueno, para ver como los pájaros, tus ojos tendrían que ser aún más grandes.

—¿Así? —la cría tiró de los párpados con los dedos pulgar e índice para abrirlos al máximo.

—Todavía más, tendrían que ser tan grandes como dos pelotas de tenis. Pero a ti no te hace falta porque ya tienes a los pájaros, que te avisan de los peligros y te cuentan todos los secretos que han descubierto.

—¿Yo los entiendo? —Nix parpadeaba muy rápido mientras hablaba, porque se le habían secado los ojos de tenerlos abiertos tanto tiempo.

La madre colocó sus manos sobre los párpados de la niña para cerrarlos.

—Quédate así un rato, ya verás como te sientes mejor.

—¿Yo entiendo a los pájaros? —insistió Nix.

—Sí, sois muy pocos los que comprendéis su gorjeo. La primera persona conocida con ese don vivió en Grecia hace mucho tiempo. Se llamaba Nixandra y era una adivina ciega muy famosa porque acertaba siempre en sus predicciones. Acudían a consultarle desde países lejanos y a todos maravillaba que aquella mujer viera lo que ellos, que no eran ciegos, no veían. Pero, en realidad, eran los pájaros los que informaban a Nixandra. Ella se limitaba a convertir los trinos en palabras.

Nix retiró las manos de la madre de sus ojos.

—Mamá, yo no puedo entender el lenguaje de los pájaros porque cuando se me cayeron las alas me olvidé de trinar —dijo, pesarosa.

—No importa. Los trinos suenan en tu oído como si fuesen palabras.

—¿De verdad?

—Escucha: había en Suecia una reina llamada Nixgren, aunque todos la llamaban Nixgren la Sabia porque, sin moverse de palacio, conocía hasta las cosas más pequeñas que acontecían en el reino. Lo que nadie sabía es que el secreto de su extraordinaria sabiduría era un diminuto gorrión domesticado que volaba por todas partes. Al regresar, se posaba en el hombro de la reina y trinaba sin descanso. Donde los demás sólo oían gorjeos, ella escuchaba un detallado relato de lo que el gorrión había visto. No existía mejor espía que aquel pajarillo.

—Pero la reina lo entendía porque el gorrión era sueco. Si, en el viaje de vuelta a casa, yo hubiera preguntado el camino a unos pájaros de China, no los hubiera entendido porque ellos trinan en chino y yo olvidé el chino cuando me fui de China.

—Por supuesto que los hubieras comprendido.

—¿Cómo?

—Porque tienes la Lengua Verde.

Al oír esto, Nix estiró la lengua todo lo que pudo y bizqueó para verla. La madre se rió:

—La Lengua Verde es el don que permite comprender la lengua de los pájaros, por extraña que parezca. Y tú la tienes, aunque la tuya sea rosa como el chicle que estabas masticando antes de la cena. Y ahora, a dormir, que es muy tarde. Buenas noches, pajarita.

Nix se acomodó bajo el edredón. Las palabras de su madre caían suavemente sobre ella como plumas de ganso. ¡Ah, la lengua de los pájaros! Si de verdad pudiera entender sus trinos; había tantas cosas que podrían contarle. La Lengua Verde sería un faro e iluminaría el olvido que ensombrecía el inicio de su vida.

Así discurría la niña cuando oyó una algarabía de notas. Como si la oscuridad se hubiera hecho materia, en una esquina del dormitorio apareció un Armario. Nix nunca lo había visto antes: era grande y panzudo, con unas patas enormes en forma de garra de dragón y dos puertas que temblaban como alas al compás del ruido que escapaba de su interior. Sonaban oboes, clarinetes, trompetas, saxos y flautas. Parecía que los músicos de una orquesta estuviesen allí encerrados, afinando sus instrumentos. Pero lo que contempló Nix cuando abrió las puertas del Armario fue una multitud de pájaros que se columpiaban en las perchas. Cada percha era una lengua y todas estaban colgadas ordenadamente, igual que las camisas de su padre.

Así se veía el Armario:

?	?	?	?	?
ESPAÑOL	ALEMÁN	FRANCÉS	INGLÉS	PORTUGUÉS
pío pío	**piep piep**	**cui cui**	**tweet tweet**	**piu piu**

Las perchas de los pájaros españoles, los pájaros alemanes, los pájaros franceses, los pájaros ingleses y los pájaros portugueses se encontraban a la vista. Junto a ellas, se adivinaban muchas más perchas con innumerables pájaros que trinaban en infinidad de lenguas. Nix metió el cuerpo en el Armario para encontrar la Lengua Verde. Olía a alpiste, a polvo y a plumas. Avanzó a tientas dentro de aquel Armario que parecía no acabar nunca, hasta que sus ojos se acostumbraron a la oscuridad. Las perchas se sucedían tan pegadas una tras otra que era muy difícil moverlas.

Los pájaros, que son criaturas muy inquietas, no parecían asustados por la presencia de la niña. Lejos de ello, trinaban alegremente a todo pulmón y llenaban el dormitorio con sus gorjeos: pío pío, piep piep, chio chio, cui cui, tweet tweet, piu piu... Cantaban las aves liras y los petirrojos, los chifladores, las aves del Paraíso, las alondras, los gorriones, los colibríes, los jilgueros, las lavanderas, los canarios, los mirlos, los herrerillos, los zorzales... Cantaban las golondrinas del bosque y cantaban las grullas del norte, graves como trombones.

Sus voces sonaban claras y puras.

Y Nix comprendió lo que significaba la Lengua Verde, pues no necesitaba palabras para entender lo que decían.

Había aves que entonaban tres notas y otras que interpretaban sinfonías. Había solistas virtuosos, excelentes dúos y sofisticados coros. Algunos pájaros detenían sus propios trinos al escuchar un canto que no conocían y, durante unos instantes, entreabrían el pico y movían la cabeza hacia atrás, como si estuvieran bebiendo el sonido que les era extraño. Luego lo repetían e improvisaban nuevas melodías, igual que hacen los intérpretes de jazz. Nix tarareó la letra de su canción preferida de Carla

Bruni: *Pourtant quelqu'un m'a dit que tu m'aimais encore, c'est quelqu'un qui m'a dit que tu m'aimais encore. Serais-ce possible alors?*[1] Bruni tenía la voz un poco ronca, igual que Nix, y ella cantó bajito, igual que Bruni. Una oropéndola se le unió, silbando la melodía, y la cría casi se cayó de la sorpresa.

¡Aquellos pájaros eran los mejores músicos que jamás había escuchado! Cantaban por el mero placer de la melodía, embelesados en sus propios trinos, y la música abría sus pechos y hacía vibrar sus gargantas. Había cantos dulces y suaves, fieros y desafiantes, alegres y explosivos, tristes y melancólicos, sombríos y quejumbrosos, ingenuos y sencillos... Pío pío, piep piep, chio chio, cui cui, tweet tweet, piu piu... No había dos notas iguales ni música más hermosa. Los ritmos eran tan contagiosos que muchos bailaban: daban pasos cortos en círculo, hacían reverencias, desplegaban las colas multicolores y saltaban con las alas entreabiertas.

Las horas pasaron veloces hasta que a los pájaros y a la niña se les fueron cerrando los párpados. Poco a poco, callaron todos. Todos, excepto los ruiseñores, que trinaron sus bellas y misteriosas melodías en el dormitorio de Nix durante toda la noche.

Pero en la casa nadie oyó nada porque todos dormían.

1. Pero alguien me ha dicho que todavía me quieres, ese alguien me ha dicho que todavía me quieres. Entonces, ¿es verdad?

IV

EN CHINA Y EN ESPAÑA HABLA IGUAL EL CORAZÓN

Muchos años después, Nix recordaría que una bandada de pájaros cruzaba el cielo cuando sucedió. Era una tarde soleada de octubre y su sombra cubrió por unos instantes a la niña y, al alejarse, la devolvió a la luz. Fue como un parto, con Nix saliendo de la penumbra al mundo. Esa sombra formaba parte de la Lengua Verde, pero ella no la supo interpretar.

Acababa de salir del colegio con su amiga Kim. Iban arrastrando las mochilas, charlando y dando saltos, con las coletas deshechas y las chaquetas sin abrochar.

Entonces ocurrió. El vientre abombado de la madre de Kim se interpuso en su camino. La niña lo golpeó levemente.

Y todo cambió.

Nix sintió pánico. En aquel momento hubiera deseado alzar el vuelo y alejarse con los pájaros. Como no tenía alas, buscó algo que eclipsara lo que no quería ver, que anulara su miedo y deshiciera las sombras que se agitaban en su interior. Una palabra.

Barriga.

Una palabra. Cegadora. Como un párpado.

Barriga decían en casa para referirse a su pequeño vientre liso, al diminuto vientre de Nox, al vientre mullido de su madre, al gran vientre de su padre. ¡Ah, una barriga!, podría haber exclamado Nix con alivio. Pero no fue así. Esa palabra, que hasta el momento había sido inofensiva, quedó preñada de desasosiego. Se hizo incómoda, molesta, difícil. Una palabra embarazosa.

Su madre se encontraba allí, en la puerta del colegio, pero no se dio cuenta de lo que había ocurrido. Tan ajena estaba que sonrió cuando su hija tropezó con la embarazada:

—Cuidado, ahí dentro está el hermanito de Kim.

Nix miró a su amiga, que sonrió vergonzosa. Miró otra vez la barriga y, sin decir nada, salió corriendo como una ardilla. Su madre tuvo que ir a por ella, agarrarla del brazo y arrastrarla al coche.

Al llegar a casa, Nix estalló. Bastó que apareciera Nox con un juguete que no le pertenecía para que empezara a gritar. Su hermana se lo devolvió, pero era demasiado tarde. Nix le dio un codazo y siguió gritando. Nox no protestó: adoraba a Nix, obedecía todas sus órdenes, que eran muchas, y siempre la defendía cuando su madre se enfadaba con ella. También Nix quería a su hermana, por supuesto, pero como quieren los hermanos mayores a los hermanos pequeños: comen, duermen, juegan y se pelean con ellos, pero pertenecen a un mundo aparte que raramente entra en contacto con el propio.

Nox salió de la habitación y regresó al cabo de un rato.

—Toma, te lo regalo.

En la palma de la mano llevaba un caballito blanco y

fuerte, con las riendas adornadas con plumas de colores.

—Para ti.

Los juguetes preferidos de Nox eran los caballitos de plástico y los camiones, en ese orden. Le gustaba colocarlos en una fila perfecta en el suelo del dormitorio: los animales en una hilera, los camiones en otra. Luego se tumbaba delante de ellos y se pasaba las horas moviéndolos y devolviéndolos a sus filas. De todos sus juguetes, el caballo blanco era su favorito. Nix golpeó la mano de su hermana con tanta furia que el animal salió volando por la habitación. Nox corrió al rincón donde había caído, lo levantó con cuidado y, acariciándolo, se lo llevó. Ya no regresó.

Nix vociferó hasta quedarse ronca, pataleó en el baño hasta conseguir que hubiese más agua en el suelo que dentro de la bañera y protestó sin parar en la mesa hasta que sus padres la mandaron a la cama sin cenar.

—Mamá, Nix grita porque tiene hambre. Deja que venga con nosotros —pidió Nox.

Desde la cocina se oían las patadas y las voces de la niña. Ella, que apenas se quejaba cuando se golpeaba o los médicos la pinchaban, era presa a menudo de terribles rabietas. La madre negó con la cabeza.

—Tu hermana no tiene hambre, Nox. Estaba tirando la comida al suelo.

—Sí, mamá, Nix tiene hambre, pero no lo sabía. Y ahora sí que sabe que tiene hambre, por eso grita. ¿La perdonas?

La madre metió un filete entre dos trozos de pan y le tendió el bocadillo a su hija para que se lo llevara a Nix. La pequeña salió corriendo, pero los gritos no pararon. Nox regresó a la cocina. Movía la cabeza de un lado a otro mientras se acercaba a la mesa:

—No tiene hambre —subió a su silla y siguió cenando. Los padres se miraron y no dijeron nada.

Nix sólo calló cuando su madre entró en el dormitorio y se quedó con ella.

—¿Qué te sucede?

La niña no contestó. Aunque hubiese querido, no sabía la respuesta.

A los pies de la cama había una estantería de madera clara llena de cuentos. Sus lomos rojos, amarillos, azules, verdes y naranjas parecían pájaros tropicales posados en una rama. La madre fue diciendo en voz alta el título de los libros, grandes y pequeños, como si se los estuviese presentando, hasta que la niña eligió *La cosa perdida*. Entonces se sentó en la cama, junto a ella, y abrió el libro. Era un álbum de colores ocres, como corteza de un árbol. La lámpara de la mesilla lo iluminaba y, en la penumbra del dormitorio, la luz parecía irradiar de sus páginas. Comenzó a leer:

«Así pues, ¿quieres oír una historia?»

Nix se removía sin parar.

«Bueno, hace tiempo sabía un montón de historias interesantes. Algunas eran tan divertidas que te desmayarías de risa, y otras tan espantosas que no querrías volver a oírlas jamás.»

La niña apartó el edredón de una patada.

«Pero me he olvidado de todas. Así que te contaré la de cuando encontré la cosa perdida.»

Nix tiró la almohada al suelo.

—¿No te gusta este cuento? ¿Quieres que leamos otro?

—¿Yo de dónde vengo?

La luz de la lamparita envolvía a Nix en su cama como un tibio mosquitero. Parecía una mariposa con la voz de un pequeño cuervo.

—¿Has visto lo que sucede por gritar tanto? Te has quedado afónica —le dijo con dulzura la madre.

La niña carraspeó:

—No es por gritar. Son los trozos de la perla de mi dragón, que me raspan por dentro. ¿Yo de dónde vengo? —preguntó de nuevo.

La madre cerró el libro.

—Ya lo sabes, tú vienes de China.

—Pero antes de venir de China, ¿de dónde venía?

—No te entiendo, hija.

Los ojos de Nix descendieron desde el rostro de su madre hasta la cintura:

—¿Yo salí de tu barriga?

—No.

—¿Por qué?

—Porque no puedo tener hijos en mi barriga.

—Pero ¿por qué?

No era la primera vez que Nix hacía esa pregunta y, en cada ocasión, aguardaba con idéntica expectación, como si repetir la pregunta pudiese cambiar la respuesta.

—Porque —la madre se tocó el vientre—... porque no puedo, Nix.

—¿No puedes tener hijos en la barriga como la madre de Kim?

—No, no puedo.

—¿No puedes tener hijos aquí? —la niña presionó ligeramente con el dedo índice el vientre de su madre.

—No.

Una palabra. Sonido. Aire. Movimiento. ¿Cómo puede hacer daño algo tan leve? Nix frunció el ceño.

—¿Nunca?

—Nunca.

¿Cómo puede contener todo el tiempo una palabra tan breve?

La madre apartó con cariño el flequillo de los ojos sombríos de su hija.

—Yo te quiero igual que si hubieses salido de mi barriga.

Nix retiró la cabeza.

—¡Yo salí de un huevo! ¡Soy una niña-pájaro!

Extendió los brazos y aleteó con fuerza unos instantes; luego los dejó caer bruscamente.

—¿Para qué me sirve ser una niña-pájaro si no puedo volar? —preguntó furiosa.

La madre temió que empezara de nuevo a chillar y que los chillidos se convirtieran en rabieta. Había visto muchas veces a su hija desgañitarse y forcejear con violencia. En algunas ocasiones, la niña llegaba a estar tan fuera de sí que se golpeaba la cabeza contra el suelo. Ella y su marido, impotentes, le gritaban, se gritaban el uno al otro y terminaban mudos y asustados ante aquellos estallidos incontrolados de angustia.

—Nix, tú eres más niña que pájaro, por eso no puedes volar —intentó calmarla—. También hay peces voladores y pájaros nadadores, pero los peces que vuelan no pueden permanecer en el aire porque son más peces que pájaros. Y los pájaros que bucean no pueden permanecer en el agua porque son más pájaros que peces.

—¡Me da igual! ¡Yo nací de un huevo! —repitió la niña, desafiante.

—Eso no es posible.

—¿Por qué no?

—Porque naciste de una barriga, igual que Nox y que papá y que yo.

La palabra «barriga», carnosa y abultada, agitó las sombras en el interior de la niña, igual que una piedra lanzada al agua. Nix sintió cómo su corazón se llenaba de oscuridad.

—¿De qué barriga naciste tú?

—De la barriga de tu abuela.

—¿Y de qué barriga nació la abuela?

—De la barriga de tu bisabuela.

Nix señaló el vientre de su madre, pero esta vez no lo tocó.

—¿Tú no estás triste porque yo no nací de tu barriga? —las palabras resonaban ásperas y apagadas en su voz ronca.

—Estuve triste hasta que fui a buscarte a China.

—¿Un poco triste o muy triste?

—Tristísima. Estaba triste cuando me levantaba, desayunaba un té triste y unas galletas tristes, trabajaba en una oficina triste, almorzaba una comida triste, volvía a casa por unas calles tristes, cenaba una cena triste, me bañaba en un agua triste, hablaba con papá palabras tristes y cuando me dormía tenía sueños muy, muy tristes.

—¿La tarta de chocolate sabía triste?

—Sí.

—¿Y los espaguetis?

—Sí.

—¿Los espaguetis con tomate?

—También.

Nix miró asombrada a su madre:

OjO
0

—¿Y qué pasó?

—Me enteré de que tú también estabas triste porque te encontrabas sola y fui volando a buscarte.

—¿No fuiste con papá?

—Sí, claro, fuimos juntos.

—¿Y cómo me encontrasteis?

La madre alzó el rostro. Aunque tenía los ojos abiertos, miraba dentro de sí misma. Buscaba las palabras adecuadas para traerlas de la oscuridad a la cálida isla redonda donde Nix aguardaba expectante. Buscaba una historia en la que no pudieran adentrarse los fantasmas. Acudió, como cada noche, a la Lengua Verde, que es la lengua de los pájaros y de la imaginación. Poco importa que su luz sea tenue como la de una linterna: la visión que ofrece es inagotable, pues combina lo iluminado con lo que se vislumbra en la penumbra y con lo que se adivina en la oscuridad.

La madre empezó a contar:

—Papá y yo nos enteramos de que estabas en una gran casa donde sólo vivían niñas y niños. La casa estaba en un pueblo del que nunca habíamos oído hablar y el pueblo estaba en China, un país muy lejano al que nunca habíamos ido. Nada de eso nos extrañó, pues sabíamos que los tesoros se encuentran siempre escondidos. Papá y yo averiguamos primero el nombre del pueblo donde estaba la casa donde estabas tú. Antes de iniciar el viaje, tuvimos que enfrentarnos a numerosas pruebas, porque había muchísimos padres y madres que también deseaban conseguir el tesoro. Pero nosotros estábamos dispuestos a todo para encontrarte.

—¿Y qué pasó?

—Transcurrió un largo año hasta que vencimos todos los obstáculos. Y, por fin, un día emprendimos el vuelo que nos llevaría a ti. Cruzamos países conocidos: Francia, Alemania, Polonia, Rusia, Turquía... Y nos adentramos en parajes desconocidos: la Península de Caraoculta, el Mar Sin Nombre, las Islas Carcajada, el Bosque Caníbal, el Mar Extraviado, las Islas Pinchetas, Ciudad Graciosa, el Desierto Potencia de la Tierra... A veces nos parecía que sobrevolábamos siempre el mismo lugar y otras veces los paisajes se multiplicaban como si estuviéramos recorriendo la tierra de Norte a Sur y de Este a Oeste, sin dejar un solo rincón inexplorado. Atrás iban quedando países, mares, islas, puertos y montañas.

A medida que nos aproximábamos a ti, los días y las noches empezaron a sucederse con tanta rapidez que era imposible distinguirlos. Apenas había amanecido y, unos minutos después, ya estábamos inmersos en el corazón de la noche. Avanzábamos a ciegas entre sonidos que nos helaban la sangre y objetos espantosos que nos rozaban cuando, súbitamente, un sol inmenso surgía de la nada y hacía estallar las tinieblas y sus pavorosas criaturas hasta eliminarlas.

Papá y yo apenas hablábamos. En el silencio del espacio, oíamos las aves que volaban junto a nosotros: el estrépito de sus alas, sus voces que pasaban de una a otra a lo largo de la bandada igual que los jinetes saltan de la grupa de un caballo a otro en la pista del circo. Luego dejamos de oírlas y sólo escuchamos nuestros latidos con tu nombre: Nix, Nix, Nix, Nix...

Nix saltó de la cama, cogió un papel y un lápiz del suelo y trazó una línea.

—Papá y tú no podíais volar en flecha porque sólo erais dos.

—Es verdad, íbamos en fila: papá, delante y yo, detrás.

—No, tú ibas delante —Nix le mostró el dibujo.

PAPÁ ---------------------------------- MAMÁ

La madre sonrió:

—A los niños los traen las cigüeñas: ellas viajan para recogerlos y los llevan a casa, prendidos en sus picos largos y firmes. Yo era tu Cigüeña.

Nix miró a su madre: su piel parecía muy blanca bajo la chaqueta negra.

—Mientras volábamos, oí de repente una voz distinta, un grito altísimo, y supe que eras tú que nos llamabas. Alargué el cuello, extendí las alas y, seguida por tu padre, volé hacia ti, rápida como una flecha disparada con un arco muy tirante. Te sujeté con mucho cuidado y emprendimos el vuelo de regreso. Como el viaje era muy largo, cuando me cansaba, era papá quien te llevaba.

—Papá no podía llevarme porque es un chico y las cigüeñas son chicas —protestó Nix.

—Tienes razón: papá no es una cigüeña, él es un Pelícano.

—Un Pelícano —Nix se rió—. Papá es un Pelícano.

—¿Has visto la bolsa que cuelga del pico de los pelícanos? ¿Y no te has fijado en que papá también tiene una gran bolsa debajo de la barbilla? Pues era ahí donde viajabas.

—¡Puaj! ¡Dentro de su saliva! —a Nix se le torció la sonrisa.

La madre se rió entonces.

—Eso es, bien calentita dentro de su saliva. Los pelícanos y las cigüeñas tienen las alas preparadas para hacer viajes muy largos, así que papá y yo volamos en fila contigo y no nos detuvimos hasta que llegamos a casa.

—¿No os atacó mi dragón?

—No, porque no nos vio. Cuando papá y yo llegamos a buscarte, tu dragón dormía profundamente. Como nadie había encontrado su tesoro hasta entonces, él vivía muy tranquilo. Si le entraba el sueño cerraba los ojos y, a veces, no volvía a abrirlos hasta varios meses después. Cuando despertó y vio que no estabas, nos persiguió, pero hacía horas que nosotros volábamos contigo de regreso a casa y ya era demasiado tarde para recuperarte.

—¡Pobre dragón! Debe de sentirse muy triste ahora porque está solo. Eso me pasaba a mí en China: él dormía todo el rato y me dejaba sola, y yo no tenía a nadie con quien jugar y tampoco podía hacer ruido para no despertarle. Por eso estaba triste. —A Nix le brillaron los ojos—. ¿Me puse contenta cuando te vi?

—No, lloraste con todas tus fuerzas.

—¿Por qué no me puse contenta?

Los cuentos que más gustan a los niños son los que ya saben. Tumbada en la cama, Nix esperaba a que su madre le contara la historia de nuevo.

—Dejabas el sitio donde habías vivido hasta entonces para ir a vivir con papá y conmigo, y tenías mucho miedo porque no nos conocías. Yo no me di cuenta de lo aterrada que estabas. Sólo quería abrazarte y tenerte cerca de mí, así que te tomé en brazos e inmediatamente estallaste en llanto.

—¿Lloraba de miedo?

—Sí, igual que los bebés cuando nacen. Ellos también están muy asustados porque abandonan el mundo que conocen para entrar en otro donde todo es desconocido. Y ese paso, además, deben darlo solos. Eso te ocurría a ti.

—¿Y qué hiciste para que no tuviera miedo?

—Te acuné para dormirte, pero llorabas desconsolada. Te di agua por si tenías sed, pero seguías llorando. Te di un masaje en la tripita por si tenías gases y te dolía, pero lloraste con más fuerza. Tenías la cara muy roja. Me dabas patadas y manotazos y te revolvías para escapar. Nada te consolaba.

—¿Nada?

—Nada.

—¿Y qué pasó?

—De repente tu cara dejó de estar roja para ponerse morada.

—¿Me puse morada?

—Como una ciruela. Yo me asusté mucho, no sabía qué hacer para calmarte. Te preguntaba: ¿qué te pasa, Nix?, ¿qué te pasa? Pero, claro, no me contestabas porque no sabías hablar. Sólo llorabas y llorabas.

Nix miró extrañada a su madre:

—¿No sabías qué me pasaba?

—Pensé que tal vez yo no te gustaba y, como no sabía qué hacer, te dejé en la cuna.

—¿Y paré de llorar?

—No, seguiste llorando hasta que te quedaste dormida y yo comencé a llorar hasta que también me quedé dormida. Cuando nos despertamos, te cogí de nuevo en brazos.

—¿Y ya no lloré?

—Lloraste muchísimo. Y yo empecé a llorar contigo.

—¿Quién lloraba más?

—Yo creo que tu padre, al vernos llorar a las dos.

Nix se rió tanto al imaginar a la madre, al padre y a ella llorando con todas sus fuerzas que el edredón que la cubría cayó al suelo.

—Y entonces, ¿qué pasó?

—La tercera vez que te cogí en brazos, lloraste un poco más flojito y yo también lloré más flojito. Hasta que un día te cogí en brazos y no lloraste.

—¿Y tú tampoco lloraste?

—Yo lloré más que nunca.

—¿Por qué?

—Te tenía en mis brazos y estabas muy tranquila y comprendí que me acababas de elegir para ser tu mamá. Por eso lloraba, lloraba de alegría porque ser tu mamá era lo que más deseaba en el mundo.

—¿Y por qué estás llorando ahora?

—También de alegría.

Nix se sentó en la cama y abrazó a su madre. Las dos se abrazaban con tanta fuerza que Nix oía el corazón de su madre y su madre oía el corazón de Nix. Latían muy rápido, como el corazón de los pájaros. Estuvieron así hasta que les dolieron los brazos, pero ninguna se quejó.

—Ahora, a dormir, pajarita. Buenas noches.

Hacía rato que su madre había partido y el sueño ya cerraba con sus pesados dedos los párpados de Nix cuando un murmullo rítmico y grave llenó el dormitorio. La niña abrió los ojos y vio el Armario grande y panzudo. Bajó de la cama y se dirigió hacia aquel mueble misterioso que sólo aparecía por las noches. A medida que se acercaba sintió cómo el sonido empapaba su cuerpo y lo hacía más y más moldeable, más y más profundo. Las puertas del Armario aleteaban cadenciosas y Nix notó un cosquilleo en las palmas de las manos cuando sujetó los pomos para abrirlas.

Así se veía el Armario de las Lenguas:

?	?	?	?	?
ESPAÑOL	ALEMÁN	PORTUGUÉS	INGLÉS	CHINO
pom pom	**bumm bumm**	**tum tum**	**boom boom**	**pom pom**

Cada percha se había transformado en un fonendoscopio del que colgaba un corazón. Los corazones españoles, alemanes, portugueses e ingleses estaban a la vista. Junto a ellos, había aparecido un corazón chino. Los fonendoscopios parecían auscultar la noche y sus boquillas redondas difundían los latidos, que resonaban en el silencio del dormitorio: pom pom tum tum pom pom boum boum boom boom tum tum pom pom bumm bumm pom pom boum boum boom boom tum tum. Las paredes y el suelo palpitaban con tanta alegría que los pies desnudos de la niña y las enormes patas de dragón que sostenían el Armario no pudieron permanecer quietos y empezaron a bailar.

Los latidos se confundían como si proviniesen de un solo e inmenso corazón. Su sonido subía, palpitante, por las piernas de Nix, sacudía sus caderas, cimbreaba su cintura, agitaba sus hombros, ondulaba sus brazos, balanceaba su cabeza. Las emociones la atravesaban como olas y tan pronto se mecía conmovida como estallaba de entusiasmo. El corazón marcaba sus ritmos fundamentales, con su lenguaje, sus variaciones, sus improvisaciones y su asombroso repertorio. Unas veces era acompasado, cadencioso, constante; otras era disonante, irregular y sincopado.

Nix bailaba sin descanso: hacía el pino, permanecía boca abajo sobre una sola mano mientras abría y cerraba las piernas, daba volteretas de medio lado... Intercalaba acrobacias de hip hop con zapateados flamencos, con pasos de claqué y con los movimientos convulsos de los iniciados en las ceremonias africanas. Jugaba con el ritmo, y el placer del juego era tan grande que reía mientras brincaba. Su risa, sobre los latidos, creaba una melodía que habría curado a cualquiera que padeciese de soledad y melancolía.

Aquel sonido, que a veces era un fragor y otras un suave soniquete, nada tenía que ver con la música de Carla Bruni que tanto gustaba a la niña. Las canciones de Bruni la hacían flotar, alejándola de sí misma, mientras que el ritmo que ahora marcaba el corazón la ataba a sus músculos, a su piel, a sus huesos. Y, sin embargo, ese vínculo terrenal, lejos de encadenarla, la hacía sentir libre. Nix, que tenía el don de las lenguas, comprendió entonces lo que decía su cuerpo: en los latidos del corazón resonaba el eco de un sonido anterior.

Un sonido profundo, antiguo, primitivo.

El primer sonido de la vida.

Lo primero que Nix escuchó, mucho antes de nacer, fueron latidos. No los de su pequeño corazón, sino los del corazón de su madre. Aquellos latidos, regulares y poderosos, transformaron la placenta donde ella flotaba en un espacio vibrante y rítmico. Aquel sonido, que conformaba el espacio y el tiempo, era el lugar de donde procedía.

Pom pom bumm bumm pom pom boum boum boom boom tum tum pom pom bumm bumm pom pom.

Su origen era un lugar que era un sonido. No conocía la barriga de donde había salido y, sin embargo, sólo tenía que escuchar el corazón para regresar al origen, a ese cálido espacio pleno de sonido.

Pom pom bumm bumm pom pom boum boum boom boom tum tum pom pom bumm bumm pom pom.

El ritmo del corazón materno había marcado la cadencia, el tempo, el swing con el que se inició su vida, confundidos en un mismo son los latidos de la madre y de la hija.

Pom pom bumm bumm pom pom boum boum boom boom tum tum pom pom bumm bumm pom pom.

Aquel sonido tribal, ajeno a la soledad, atravesaba el

tiempo. El ritmo era la puerta que abría la memoria de su cuerpo. El ritmo era el camino.

Pom pom bumm bumm pom pom boum boum boom boom tum tum pom pom bumm bumm pom pom.

Los recuerdos son más antiguos que las palabras. Su cuerpo guardaba el primer sonido de la vida, el recuerdo del inicio. En él se encontraba lo que ella creía ahogado en el olvido.

Pom pom bumm bumm pom pom boum boum boom boom tum tum pom pom bumm bumm pom pom.

El cuerpo tenía su propio lenguaje, sus propios términos. Onomatopeyas. Las palabras primigenias.

Pom pom bumm bumm pom pom boum boum boom boom tum tum pom pom bumm bumm pom pom.

Nix, que tenía la Lengua Verde, comprobó que en China y en España habla igual el corazón:

pom pom, pom pom, pom pom, pom pom.

El hallazgo aceleró sus latidos a tal velocidad que las paredes temblaron y fue como si un tren atravesara a toda velocidad el cuarto donde una niña sudorosa bailaba feliz hasta que, agotada, hizo cataplum y quedó dormida. Los corazones palpitaron vigorosos en el dormitorio de Nix durante toda la noche.

Pero en la casa nadie oyó nada porque todos dormían.

V

NOSTALGIA DE LA BARRIGA

La memoria es el faro de los hombres. Su ojo brillante ilumina el pasado. Crea zonas de luz, deja zonas de sombra. Sigues su haz y ves cosas cercanas, cosas no tan cercanas, cosas lejanas. A veces, su luz ilumina cosas tan lejanas que resultarían ajenas si no fuese por el pellizco que siente quien las contempla.

El corazón de Nix se agitaba cada vez que aparecía la madre de Kim. La visión del vientre embarazado arrancaba a la niña de su placentero compás cotidiano. Sus latidos se aceleraban, lo conocido se convertía en extraño. Hasta los detalles familiares más insignificantes se hacían ajenos: el roce de las sábanas, el tintineo de las tazas y las cucharas del desayuno, el repiqueteo de los tacones de su madre, la pulsación del reloj de la cocina, el batir de la comba durante el recreo... Aquel vientre abombado abría una grieta entre el mundo y la niña, y dejaba a Nix sola, alterada, diferente. Otra. Nada la calmaba entonces. Tampoco las canciones de Carla Bruni. Donde antes escuchaba una elegante y triste melodía, sólo oía ruido.

Ni siquiera cerrando los ojos lograba Nix esquivar aquella imagen que tanto la turbaba, pues llevaba la inmensa barriga prendida dentro de los párpados.

El dolor que sentía era el melancólico dolor de la nostalgia.

¿Se puede tener nostalgia de lo que no se conoce?

La niña no guardaba una sola imagen de su primer año de vida. Cuando intentaba recordar el pasado, no encontraba nada. Nada no era como apagar la luz en el dormitorio y quedar a oscuras. Ésta era una nada completamente distinta: cegadora como la luz del orfanato en aquella sala abierta, siempre expuesta a las miradas de las celadoras, a los ventanales desnudos como ojos sin párpados, a la falta inclemente de amor.

Es posible avanzar a tientas en la oscuridad. Pero las pequeñas manos de Nix se desvanecían cuando las extendía para tantear qué había detrás de esa claridad deslumbradora. Entonces se esfumaban sus brazos, su cuerpo, ella misma desaparecía. Era como si nada hubiese existido antes del orfanato.

Cuanto más difícil le parecía atravesar aquel resplandor helado, más fuerte era su anhelo de encontrar un refugio donde la luz no la hiriese. Un lugar en penumbra que tuviera la forma de su cuerpo. Su huevo. Su cueva. Su barriga.

—Hola, Nix, ¡qué guapa estás!

El vientre tapaba la entrada. Era tan voluminoso que la cría, inmóvil sobre el felpudo, no veía el rostro de la madre de Kim. Por más que estiraba el cuello hacia arriba no lo distinguía. En el interior de la vivienda se oían las voces de los niños que Kim había invitado a su cumpleaños.

—Pasa, tus amigos están esperándote.

El vientre se echó a un lado y señaló hacia el fondo del pasillo. Los delgados brazos de la mujer parecían una cuchara y un tenedor junto a un enorme plato. Nix iba a empezar a correr cuando el brazo-cuchara la detuvo.

—Uy, espera, el bebé está bailando.

Colocó la mano de la niña sobre el vientre abombado. Nix torció el gesto al sentir el calor de la piel, su ligera vibración. Intentó escabullirse, pero percibió de repente un golpe y otro y otro más. Sobrecogida, se quedó quieta.

—¿Quieres ver cómo se mueve? —continuó la voz.

El brazo-tenedor alzó la camiseta. Lo que Nix vio la dejó sin palabras: en aquella superficie curvada no había ombligo, sino una gruesa línea marrón y vertical que la dividía en dos. Algo se agitaba en su interior, creando pequeños promontorios como los que los topos levantan en su marcha bajo tierra.

—Esto es un pie —la cuchara guió con cuidado la mano de la niña— y esto es un puño —la cuchara desplazó la mano hasta el costado.

Nix estaba tan asombrada que sólo se veían sus ojos mayúsculos en la cara:

OO

El pie y el puño golpeaban la tensa cáscara rosada como si intentaran romperla. Fascinada y aterrada al mismo tiempo, la niña huyó pasillo adelante.

—¡Kim! ¡Kim!

Aquella noche, cuando su madre apareció en el dormitorio, Nix saltaba sobre la cama.

—¡Se acabó la danza! Si quieres que te lea un cuento, ya puedes ir metiéndote en la cama.

La niña se tiró en plancha sobre el colchón y, tumbada boca arriba, gritó con voz triunfal:

—¡Yo he nacido de un huevo!

—¿Ya estamos otra vez con esa historia?

—Yo estaba en un huevo, igual que el hermano de Kim —afirmó Nix mientras giraba los pies y los puños en el aire.

—¿El hermano de Kim está dentro de un huevo?

—Dentro de un huevo rosa. ¡De verdad! ¡Lo he visto! ¡Es un huevo enorme! Es más grande que el huevo de un avestruz. Más grande que el huevo de un pájaro-elefante. Mucho más grande que el huevo más grande del dinosaurio más grande que jamás haya existido.

—El hermano de Kim no está dentro de un huevo; está dentro de una barriga.

—¡No! No es una barriga porque no tiene ombligo. ¡Es un HU-E-VO! La madre de Kim me lo ha enseñado.

—Lo que te ha enseñado es una barriga con un ombligo, pero tú no lo has reconocido porque es diferente al tuyo y al mío. El bebé está a punto de nacer y la piel de su madre se ha estirado tanto para dejarle espacio que ha empujado hacia fuera el hoyito del ombligo. Fíjate bien la próxima vez y verás que sobresale un poco como el tapón de un flotador.

—¡Tú no lo sabes! ¡No lo has visto!

—Nix, el ombligo no desaparece nunca: es la prueba de que estuvimos dentro de nuestra madre; es lo que queda del cordón que nos unía a ella cuando estábamos dentro de su vientre.

Nix levantó el jersey de su madre y contempló su ombligo: era redondo y oscuro como la boca de un hormiguero. Metió el índice de su mano derecha en aquel agujerito mientras introducía el índice de la izquierda en su propio ombligo. Sus brazos parecían una cuerda que conectara un cuerpo con otro.

—¿Yo estaba dentro de tu barriga?

—Ya sabes que no puedo tener hijos en mi barriga —la madre bajó la voz, como si se disculpara.

La niña alejó las manos de los dos ombligos y empezó a mover los brazos como alas.

—Claro, mamá, es que tú eres una Cigüeña —Nix subrayaba las palabras como si fuese una profesora—. Por eso yo he nacido de un huevo y soy una niña-pájaro.

—No empieces de nuevo con esa cantinela: tú no naciste de un huevo.

—¡Sí! ¡Sí nací de un huevo!

—¿Por qué gritas?

Nix gritó aún más fuerte:

—¡Yo no quiero nacer como Nox! ¡No quiero que me esperes en un hotel! ¡No quiero que una señora me coja en brazos y me lleve a tu habitación! ¡No quiero!

La madre contempló a la cría: una línea vertical había surgido entre sus cejas con la violencia de un tajo. Con ese gesto airado aparecía en las primeras fotos, en las primeras fiestas, en las primeras salidas.

—Cuando yo nací —le dijo—, el primero que me cogió en brazos también fue un desconocido y él me entregó a mis padres.

—¿Quién era? —preguntó Nix, recelosa.

—El médico.

—¡Eso no vale! ¡Además, me da igual! ¡Yo quiero salir de TU barriga!

Y sin decir más, se metió bajo el jersey de su madre y se acurrucó en el espacio en penumbra.

—¿Qué haces? Anda, sal, que me vas a romper el jersey.

Aunque las delgadas hebras de lana le hacían cosquillas en la nariz, la niña pegó la cara al tejido:

—¡Soy tu bebé y no voy a salir de tu barriga hasta que nazca! —El calor de su boca humedecía la lana.

—¡Ah! ¿Y cuándo vas a nacer?

—No te lo digo.

—Por favor, dime cuándo vas a nacer. Tú estás muy a gusto ahí dentro, pero ya has crecido tanto que apenas puedo andar, las piernas se me doblan del esfuerzo y la espalda me duele todas las noches de llevar tu peso. Además, no aguanto más tiempo sin verte.

Las manos de su madre fueron atrapándola entre caricias:

—Mmmm... Esto parece la cabeza, esto la tripita, esto es el culete... Mmmm... Espera, esto no es el culete, es una rodilla... Mmmm... Aguarda, no es una rodilla, es una mano... Mmmm... No, no es una mano, es la cabeza... ¡Qué va a ser la cabeza! Es un pie... Mmmm... ¿Un pie o un codo? ¡Este bebé no para de moverse! Yo creo que dentro de mi barriga no hay un bebé, ¡hay una ardilla!

Del jersey salió una voz ahogada:

—¡No soy una ardilla!

—¿Qué será, será? —canturreó la madre mientras continuaba acariciándola—. ¿Una ardilla o un orangután?

—¡Soy una niña! ¡No soy un orangután!

—¡Menos mal! Tu padre tiene una alergia terrible a los orangutanes. Entonces, si no eres una ardilla ni un orangután, ¿qué eres? ¿Una liebre? ¿Una lagartija?

—¡UNA NIÑA!

—Una niña. ¡Qué bien! Yo quería que mi bebé fuese una niña. Te llamaré Remigia.

—¡NOOOO! ¡REMIGIA, NO! ¡NIX!

—¿Lis?

—¡LIS NOOOOO! ¡NIX!

—¿Cris?

—¡CRIS NOOOOO! ¡NIX! —sin esperar respuesta, la voz exclamó—: ¡VOY A NACER!

La niña salió del jersey con la cara roja y el pelo flotando en el aire como los tentáculos de un pulpo.

—Ya he nacido. Soy Nix.

—Nix... Me gusta ese nombre.

La madre abrazó a la niña, que se quedó quieta en su regazo. Estaba ronca de tanto gritar, pero el ceño había desaparecido.

—¿Era muy pequeña cuando viniste a buscarme a China?

—Pequeñita como una golondrina. Igual que Nox.

—Y si era tan pequeña, ¿por qué no me metiste en tu barriga?

—Porque eso no es posible.

Nix señaló con un dedo los agujeros de la nariz de su madre.

—Podías haberme metido por aquí.

—No, no es posible.

—¿Y por aquí? ¿Podría entrar a tu barriga por aquí? —Nix metió dos dedos en las orejas de la madre.

—No, no es posible —repitió la mujer, apartando la cara.

—¿Y por aquí? —Nix coló tres dedos en la boca de la madre.

—Tampoco —farfulló la mujer.

—¡Pues por otro agujero!

La madre escupió los pequeños dedos que tenía en la boca, como si fuesen huesos de aceitunas:

—No es posible.

—¿Por qué?

—Porque es imposible.

—Pero ¿por qué?

—Porque...

La madre cerró los ojos unos instantes.

—Imagínate que mi cuerpo es un laberinto en cuyo centro está el tesoro que tú deseas: la barriga. Lo primero que debes hacer para llegar hasta allí es localizar las entradas al laberinto; en principio, puede servir cualquiera de los agujeros que tiene mi cuerpo. Están las orejas...

—... la boca...

—... los agujeros de la nariz...

—... el agujero por donde sale el pis...

—... la vagina, que es el agujero por donde sale el bebé...

—... y el agujero por donde sale la caca —se rió Nix.

—Fíjate: de cintura para arriba están los agujeros de entrada y de cintura para abajo, los agujeros de salida.

—Ah —la cara de la niña se iluminó—. Yo quiero entrar por aquí.

Nix intentó abrir la boca de su madre.

—Para, hija, si me metes los dedos en la boca no puedo hablar.

—Vale.

—Aunque ninguna puerta las cierra, debes examinar las entradas con cuidado. Todas las entradas —subrayó—: las grandes y las pequeñas.

—¿Por qué?

—Porque, tarde o temprano, te expulsarán. Son caminos condenados.

—Pero mamá, ¿cómo no se va a llegar a la barriga por aquí? —Nix intentó de nuevo abrir la boca de su madre—. Es una entrada muy grande.

—Si dejas quietecitas las manos, te cuento por qué no es posible llegar a la barriga por ahí.

—¿Cómo lo sabes?

—Porque Nixbad la marinera ya lo intentó y no lo consiguió.

—¿Quién es ésa?

—Una niña que buscaba el mismo tesoro que tú.

—¿Y lo encontró?

—¿Quieres saber qué le sucedió?

—¡Sí!

La madre acarició los pies desnudos de la niña.

—Escucha con atención:

Nixbad vivía con su familia en una hermosa casa. Sus padres y su hermana la adoraban y tenía muchos amigos, pero no era feliz. Un día, visitó a un famoso adivino ciego para pedirle consejo. El hombre lanzó al aire unas conchas que guardaba en el hueco de las manos. Sus ojos eran tan blancos como los redondos caparazones que, al caer al suelo, trazaron una figura.

Parecía un laberinto, pero, al mirar con mayor atención, la niña observó que las conchas dibujaban la silueta de una mujer. Su cuerpo se redondeaba en el centro como si estuviera embarazada. El adivino habló a Nixbad con una voz melodiosa como el trino de un pájaro:

—Son muchos los que han intentado regresar al lugar que tú anhelas y ninguno lo ha conseguido. Aun así, ¿deseas intentarlo? —El ciego señaló con su vara el centro de la figura.

—¡Sí! —exclamaron Nix y Nixbad al mismo tiempo.

—Nada de lo que te diga detendrá tu partida, pues está escrito en tu destino que tu inquietud no cesará y que en lo oculto buscarás siempre la felicidad.

—¿Cómo haré para llegar? —preguntó Nixbad.

Con un ágil movimiento de su vara, el ciego dispersó la silueta de la mujer-laberinto y dibujó sobre el suelo una línea que parecía una ola y también las aletas de un pez y también las alas de un pájaro.

—¿Qué dirección he de tomar? —insistió Nixbad.

—Sólo accederás al lugar que buscas con la ayuda de un extraño pájaro.

—¿Qué pájaro es ése?

Un fuerte viento se levantó y ocultó al adivino. Si éste respondió, el polvo ahogó sus palabras.

—¿Qué quería decir el adivino? —exclamó Nix—. ¿Tú lo has entendido, mamá? Ese adivino es tonto. ¿Ahora qué va a hacer Nixbad?

La madre sonrió al ver que la niña, pendiente de la historia, había olvidado su propia inquietud. ¿Quién dice que las palabras de la imaginación no pueden levantar con sus leves alas una pesada carga?

—La línea que había dibujado el adivino parecía un pájaro, pero también una ola y un pez —prosiguió la madre—, así que Nixbad pensó que la mujer-laberinto la aguardaba en el mar. Fue al puerto, compró un barco pequeño con una vela y dos remos ligeros y zarpó en busca de la felicidad. Navegaba y miraba el fondo de las aguas, buscando una sirena. El mar estaba vacío y tranquilo, y los remos del navío se alzaban y caían como alas en el azul infinito. Ante los ojos de Nixbad, quemados por la luz y la sal, el cielo se confundía con el agua, los peces con los pájaros, las estrellas con las medusas fosforescentes, el sol con la luna, los días con las noches.

Entonces, por fin, sucedió: una de las entradas a la mujer-laberinto surgió del mar. Maniobrando con la vela y el timón, Nixbad logró sortear una hilera de descomunales piedras, blancas como dientes, que impedían el acceso.

Y se encontró dentro de una gruta.

La luz era rosada y del espacio abovedado caían gotas cálidas y viscosas. La niña gritó:

¡Pájaro!

Como si aquella llamada fuese una orden, una fuerza gigantesca levantó el navío por encima del agua y lo precipitó hacia el abismo. Nixbad cayó y cayó y cayó hasta sumergirse en una laguna. Asomó la cabeza y abrió sus ojos mayúsculos, pero la oscuridad era total. Gritó pidiendo ayuda, con la esperanza de encontrar a otro ser humano, pero nadie contestó. El líquido empezó a vibrar levemente y pronto grandes olas la cubrieron y zarandearon igual que a una fresa en una batidora. Aulló de miedo mientras era arrastrada a través de rápidos meandros. Antes de que pudiera darse cuenta, se encontró en el exterior. Huyó a toda velocidad en busca de agua con la que lavarse, pues la sustancia que embarraba su rostro y sus ropas no tenía un olor muy agradable... —La madre se detuvo, se tapó la nariz con dos dedos y dijo con voz nasal—: En realidad, apestaba.

Nix la interrumpió:

—¡Caca! ¡Era caca! ¡La niña entró por la boca y salió por el culo! —y mientras lo decía, se reía a carcajadas.

—Nixbad había recorrido el cuerpo de la mujer-laberinto de arriba abajo, pero no encontró la barriga.

—¿Y qué hizo?

—Regresó a casa, con su familia.

—¿Ya está? ¿No volvió al laberinto?

—Claro que volvió. ¿Quieres escuchar su segundo viaje?

—Sí, sí.

—¿Por dónde te gustaría que entrara ahora?

—Por las orejas. ¡Cuéntame, mamá! ¡Cuenta!

—Nixbad quería mucho a sus padres y a su hermana, pero pronto volvió a sentirse inquieta, pensando cómo sería la felicidad que la aguardaba en el centro del laberinto. Dejó su casa, marchó al puerto, compró una embarcación tan pequeña como la anterior y zarpó, decidida a encontrar el pájaro que debía guiarla hasta la barriga.

—¿Lo encontró?

—Muchos pájaros se posaron en la vela de su barco mientras navegaba, pero iban y venían y ninguno se quedaba. Y un día sucedió de nuevo: del mar surgió una gruta como propulsada por un misterioso mecanismo. Nixbad se adentró en ella, alzó la cabeza en busca del extraño pájaro y gritó:

¡Pájaro!

Su voz resonó mil veces aumentada entre las pálidas paredes de la caverna. Fue la única respuesta a su grito. No hubo trinos ni gorjeos ni tan siquiera el eco de un leve aleteo.

Nixbad no dudó un instante. Plegó la vela, echó el ancla, desembarcó y, con paso firme, avanzó hacia el interior del laberinto. Con ella entraron muchas palabras. Iban pegadas a su espalda y sonaban altas, pero nada claras, pues reverberaban en las paredes, creando ecos y más ecos. La niña se tapó los oídos mientras las palabras la empujaban, a trompicones, hacia el interior.

Allí dentro el estruendo era aún mayor. Nixbad miró fijamente la negrura hasta que sus pupilas se dilataron como las de un gato y vio lo que provocaba aquel estrépito. A escasos metros, un gigantesco martillo aguardaba a las palabras, que marchaban en hilera hacia él. Cada vez que llegaba una, caía sobre ella con toda su fuerza. Nixbad intentó retroceder, pero las palabras que llevaba pegadas a la espalda seguían empujándola. El miedo puso alas a sus pies y, tomando aliento, pasó veloz como una flecha bajo el martillo sin que éste alcanzara a golpearla.

Corrió y corrió por un pasadizo que olía a cera y a iglesia. El suelo y las paredes vibraban con tanta intensidad que le costaba mantener el equilibrio. Mareada, se detuvo un instante y, al girar la cabeza, vio aproximarse un caracol. Era tan grande que, al deslizarse, hacía temblar el pasadizo. La niña salió zumbando hacia delante y no se detuvo hasta que llegó a una cueva de pálidas paredes, idéntica a aquella que había dejado atrás. En dos zancadas, estaba fuera y, aunque tampoco había encontrado la barriga, suspiró de felicidad al ver el cielo azul.

La madre miró a su hija:

—La pobre Nixbad entró por una oreja y salió por la otra. Eso mismo les pasa muy a menudo a mis palabras contigo: lo que te digo te entra por un oído y te sale por el otro.

La niña se tapó inmediatamente las orejas con las manos.

—¿Qué haces? ¿Te has enfadado? —dijo la madre.

—No quiero que se escape el caracol.

—Es imposible, es tan lento que tarda toda una vida en ir de un oído al otro. El caracol estará ahí dentro hasta que te mueras.

—Ah —Nix bajó las manos con alivio—. ¿Qué va a hacer ahora Nixbad? Todavía le queda la nariz. ¡Seguro que por ahí se llega a la barriga! ¿A que sí?

—Para saberlo, tienes que oír lo que sucedió en su tercer viaje.

—Sí, pero no empieces por el principio —dijo la cría, excitada.

—¿Por dónde quieres que empiece?

—Cuando entra en la nariz.

—Vale. El barco de Nixbad se detuvo ante dos agujeros colosales. Parecían dos cuevas idénticas separadas por una pared. La niña alzó la vista para encontrar el pájaro anunciado por el ciego, pero el pájaro no estaba allí. Nixbad suspiró. Dos entradas juntas eran una invitación demasiado tentadora. Dos entradas podían ser tan persuasivas como un extraño pájaro que nunca aparecía cuando lo necesitabas.

Miró alrededor otra vez: el mundo era azul y estaba vacío. Sólo se oía el golpeteo de la vela, que se plegaba y desplegaba agitada, pues aquélla era una zona muy ventosa. Ya no aguardó más, descendió del barco y adelantó un pie hacia la cueva situada a la izquierda. Aún no lo había colocado en el suelo cuando fue aspirada por una fuerte ráfaga de aire. El viento la llevaba en volandas entre lianas oscuras hacia el interior hasta que, repentinamente, giró y la llevó en sentido contrario. La niña se sujetó a una de las lianas y dejó que la respiración de la mujer-laberinto la balanceara a un lado y a otro, de dentro afuera y de fuera adentro. Era un aire tibio como una nana y a veces olía dulce y otras veces, salado, unas veces era húmedo y otras, duro y seco. Cuando se aburrió, se deslizó liana abajo para continuar andando, pero no consiguió dar más de dos pasos. Al sentir el cosquilleo de sus zapatos, la nariz soltó un tremendo estornudo que lanzó a Nixbad al exterior y estuvo a punto de arrancarle la cabeza. Sin perder un minuto, con los pelos de punta y la ropa desgarrada, huyó.

—¿No volvió al laberinto nunca más? —preguntó Nix.

—No.

—¿Y qué hizo?

—Regresó a casa. Al verla, su madre lloró mucho porque pensaba que la había perdido y la estrechó muy fuerte entre sus brazos para que no se fuera de nuevo. Así —la madre abrazó a la niña y la niña se dejó abrazar un rato y luego empezó a moverse porque era inquieta como un pájaro. Fue bajando hasta pegar el oído a la barriga de la mujer; se escuchaban pequeñas explosiones, un ronroneo, murmullos, como un arrastrarse de pies.

—¿Estás segura de que no hay nadie ahí dentro?

—Segurísima.

Nix metió un dedo en el ombligo de la madre y la miró.

—¿Por qué no entró al laberinto por aquí?

—Ese camino está cerrado.

—Si empujara con mucha fuerza, podría tirar la pared que lo cierra.

—Aun así no te llevaría a ningún sitio. No es posible regresar al centro de este laberinto una vez que estás fuera —la madre deslizó en círculos la mano de Nix sobre su vientre.

—Sí se puede, mamá, pero hay que encontrar al pájaro del adivino para que te ayude.

La madre sonrió:

—Mientras esperamos a que aparezca ese pájaro es mejor que descanses. A dormir, que es muy tarde. Buenas noches, pajarita.

Tan pronto salió, entró el sueño en la habitación y colocó sus dedos pesados sobre los párpados de Nix. Entonces, igual que las noches anteriores, sucedió: la niña vislumbró el Armario de las Lenguas y escuchó el débil aleteo de sus puertas.

Cuando Nix cerraba los ojos era cuando mejor veía. Como si el umbrío territorio de la duermevela despertara en ella una mirada distinta, capaz de descubrir lo que la luz no le dejaba ver.

Recordó los pájaros columpiándose en sus perchas. Entre ellos debía estar el pájaro que la guiaría a la felicidad.

Se levantó de la cama y corrió descalza hacia el Armario.

Apenas había tocado los tiradores cuando las puertas se abrieron de par en par. Esto es lo que Nix encontró:

?	?	?	?	?
INGLÉS	ALEMÁN	FRANCÉS	ESPAÑOL	ITALIANO
big tummy	**dicker bauch**	**gros bidon**	**barriga**	**pancia**

Barrigas extraordinariamente voluminosas colgaban de las perchas. Oscilaban levemente, empujándose unas a otras. Cada pequeño golpe suscitaba airadas protestas. «Je vous en prie, mesdames, un peu d'air, j'étouffe»,[1] suplicaba la francesa. «Ma quante pance siamo?»,[2] clamaba la italiana. «I demand that the midwife sees me inmediately because I was here first»,[3] exclamó la inglesa, que empezó a respirar de forma entrecortada y rápida. «Hat der Geburtsvorbereitungskurs schon angefangen?»,[4] preguntó la alemana.

Al oírlas, Nix supo inmediatamente lo que deseaba. Fue apartando trabajosamente las pesadas perchas, una a una. Entre la gran barriga francesa y la gran barriga italiana encontró la barriga de la madre Cigüeña. Era suave

1. Por favor, señoras, un poco de aire, me ahogo.
2. Pero, ¿cuántas embarazadas hay aquí?
3. Exijo que me vea la comadrona antes que a nadie porque yo he llegado la primera.
4. ¿Ha empezado ya la clase de preparación para el parto?

y lisa, como recién planchada, y permanecía silenciosa en el alocado barullo. La besó tiernamente, separó el *gros bidon* y la *pancia* para que no la golpearan y se alejó de ella mientras se dirigía al fondo sin fondo del Armario. Una extraña inquietud la agitaba. Las perchas se perdían en la oscuridad con su abultada carga: barrigas holandesas, rusas, colombianas, marroquíes, egipcias, camboyanas... Nix fue saltando de una a otra. Cada barriga la impulsaba con un suave bote hasta la siguiente. Sólo se detuvo cuando notó en sus pies descalzos una vibración familiar. Acababa de encontrar aquello que buscaba. Sujetó la percha con firmeza y la arrastró hasta la primera fila del Armario, junto a la italiana. La luz que dejaban pasar las puertas iluminó la percha y su carga.

?

CHINO

ta tutsi

Allí estaba la barriga china: enorme, redonda, poderosa. Parecía un inmenso y abultado gong con un protuberante ombligo en el centro. Apenas la había colocado, cuando sus compañeras comenzaron a bailar. Se balanceaban de un lado a otro y Nix tuvo que apartarse para que no la lastimaran. Al principio iban a su aire, pero pronto se sincronizaron. Cada barriga era bombo y maza al mismo tiempo, pues golpeaba a la siguiente y era golpeada a su vez por la anterior. La inglesa golpeó a la alemana, que golpeó a la francesa, que golpeó a su vez a la española. Como ésta era delgada como un paño de piel pues dentro no había ningún bebé, la francesa la arrastró consigo hasta golpear a la italiana, que golpeó a la barriga china. En ese instante, el sonido mate y sofocado se hizo profundo e inmenso, como una inmensa ola que encerrara en sí todos los tonos anteriores.

(((GONG)))

Nix se sumergió en aquel sonido absoluto y estremecedor. Una intensa vibración viajó a través de su columna y desde ella se expandió por los nervios, la piel, los músculos, el cerebro y masajeó hasta las células más diminutas de su cuerpo. El gong se propagaba a través de la niña como las ondas por el agua, arrastrando fuera la rabia, la tristeza, la soledad. Se sintió transportada más allá de la luz cegadora del orfanato, más allá de la barriga de la madre china, hasta el inicio de todos los inicios, hasta el origen primero. El universo la envolvía y la protegía como la Primera Barriga. Acunada por la nana primigenia, Nix se durmió.

El gong resonó toda la noche. Su eco, ancho y profundo, se expandió por las habitaciones. Tintinearon los platos en la cocina y los vasos en la alacena, vibraron los cristales de las ventanas, temblaron las plantas, tamborilearon las gafas del padre en la mesilla de noche y repiquetearon los pendientes y anillos de la madre en su pequeño cofre de plata.

Pero en la casa nadie oyó nada porque todos dormían.

VI

LA FIESTA DE LAS GOLONDRINAS

Cuando la madre se sentaba junto a Nix por la noche, de su boca salían pájaros. Sus palabras, livianas y palpitantes, se unían en bandadas y volaban hacia la felicidad. Las historias que contaba convertían en luz las tinieblas, ahuyentaban los fantasmas, resucitaban lenguas secretas. Eran mágicas, pero también eran muy frágiles.

Hay palabras ligeras, como las que utilizaba la madre, que separan nuestros pies del suelo y nos llevan por los aires con ellas. También las hay duras y contundentes como piedras; no tienen alas y, sin embargo, pueden lanzarse muy alto y, en su caída, golpean a quien encuentran. Hay incluso palabras que no necesitan tocarte para hacerte temblar. Ésas son como el veneno, que fluye lentamente por el cuerpo sin hacer ruido, sin dejarse ver. El dolor no es inmediato, pero cuando aparece ya es demasiado tarde: la ponzoña se ha extendido, curva tu espalda, dobla tus piernas.

Existen muchos tipos de palabras, aunque en realidad todos se reducen a dos: las que derriban y las que hacen volar. Resulta difícil saber cuáles son más poderosas. Es el antiguo combate entre el dolor y la felicidad, entre la tierra y el aire, entre la pérdida y el anhelo. La vieja disputa entre la realidad con sus pies de plomo y la imaginación volandera. En esa lucha, la victoria depara, a menudo, sorpresas. El minúsculo David venció a Goliat; Ulises, al gigante Polifemo.

Que el débil derrote al fuerte no es extraño. Basta fijarse en los pájaros para comprobar la dureza de lo frágil. El ave más pequeña del mundo es el colibrí. Es tan diminuto que muchos lo llaman pájaro-mosca, tan leve que construye su nido con telarañas. Sin embargo, esta criatura insignificante vuela desde Alaska hasta México y, seis meses después, emprende el camino contrario. Sus alas son mínimas, sí, pero el deseo que lo anima es inmenso.

Las cosas no son lo que parecen. Los niños lo saben, por eso a ninguno le extraña que, en el juego de «piedra, papel y tijera», el papel venza siempre a la piedra.

—Mamá, el lugar adonde van los pájaros, ¿está muy lejos?

Con el frío, las copas de los árboles se habían llenado de rojos intensos, de granates, de púrpuras, de naranjas, de ocres, de tiernos amarillos. Abrigados con bufandas y leotardos de colores, los niños se confundían con las hojas que caían a las aceras como confeti. Una hoja alargada como una pluma se enredó en el pelo de Nix. Madre e hija andaban hacia el colegio. Sobre sus cabezas, por encima de los árboles, flechas oscuras y ondulantes atravesaban el cielo grisáceo.

—¡¿Vais a China?! —gritó la niña a los pájaros.

Volaban tan alto que hasta ella sólo llegaba el eco de sus voces.

—¿Van a China? —preguntó a la madre.

—No lo sé.

—¿Por qué?

—¿Por qué qué? —La mujer siguió andando mientras intentaba que no se le cayera nada de las manos: con la derecha sujetaba a Nix y en la izquierda llevaba la mochila del colegio y su cartera de trabajo.

—¿Por qué no sabes si van a China?

—Porque no lo sé —respondió la madre malhumorada—. Quizá van a China. Quizá no.

—¡¡¿Adónde vais?!! —la niña alzó la cara al cielo y gritó a los pájaros con mayor fuerza, pero tampoco obtuvo respuesta. Se encogió de hombros y se giró hacia su madre—: Yo creo que van a China.

El silencio no desanimó su curiosidad.

—¿En cada flecha viaja una familia?

—Sí, Nix.

La niña se detuvo y puso los brazos en jarras.

—¿Cómo lo sabes?

—Porque las familias vuelan siempre juntas. Venga, date prisa o llegaremos tarde al cole.

La niña no se movió: quería ver a los papás-pájaro y a los hijos-pájaro y a los tíos-pájaro y a los primos-pájaro y a los abuelos-pájaro. Abrió mucho los ojos para fijarse bien en la flecha que cruzaba sobre ella.

Para distinguir mejor su forma puntiaguda, inclinó primero la cabeza a la izquierda y abrió de manera mayúscula el ojo derecho. Así:

O j o

s

Se veía bien, pero no era una flecha perfecta. Entonces inclinó la cabeza hacia la derecha y abrió de manera mayúscula el ojo izquierdo. Así:

o j O

s

Iba a probar echando la cabeza hacia atrás y abriendo a la vez sus dos ojos mayúsculos cuando la madre le tiró del brazo:

—¡Nix! ¡Camina!

La niña permaneció inmóvil, esforzándose en mantener los párpados abiertos al máximo.

—¿Por qué no vamos con ellos?

—Se te van a salir los ojos de las órbitas. Haz el favor de mirar al frente y andar.

—Venga, mamá, sólo tenemos que seguir la flecha.

—¡En marcha! ¡Muévete!

—¿Por qué?

—Porque hay colegio.

—Pero vamos y volvemos muy rápido.

La madre se inclinó hacia la niña, intentando no perder la paciencia.

—¿Y qué hacemos con Nox? No podemos dejarla sola.

—¡Está papá! Él la va a cuidar muy bien. Y si nos gusta el país de los pájaros, les llamamos para que vengan.

—Basta ya de charlas, Nix. Voy a llegar tarde a la oficina —la madre tiró con más fuerza del brazo de su hija.

—¡Qué suerte tienen los pájaros! ¡Yo tengo que ir al cole y ellos se van de vacaciones!

La niña los despidió con la mano y comenzó a caminar dando pequeños saltos.

Aquel día, a la hora del recreo, Nix y sus amigos volaron. Con los brazos extendidos, planearon y giraron sobre las crujientes hojas naranjas que cubrían el patio. Inclinaban la cabeza para deslizarse a ras de suelo y luego se enderezaban silbando, igual que silba el viento en las veloces alas de las aves. ¡Fiuuuuuuuu! Nix sentía que sus pies se elevaban en el aire cuando un crío le gritó algo que la hizo detenerse en seco. Se volvió hacia él y, a partir de ese momento, todo fueron chillidos y golpes hasta que una profesora acudió a separarlos.

Salió del colegio con un arañazo en la cara y un mordisco en el brazo, pero se negó a explicar a su madre qué había sucedido. Quizá lo habría contado en casa durante la hora del baño, relajada por el agua caliente y la suave música de Carla Bruni, que sonaba en el reproductor de CD colocado sobre el lavabo. Las hojas que había traído enredadas en el pelo flotaban como cáscaras de mandarina en torno a ella y a su hermana, sumergidas hasta la cintura en la bañera.

Podría haber contado entonces qué había sucedido, pero se enfadó.

Con Nox, claro.

—Soy un pájaro —Nix sacó los brazos del agua y los movió como alas.

—No —replicó Nox.

—¡Soy una niña-pájaro!

—No eres un pájaro. Se te ven las piernas —Nox señaló las pálidas piernas de Nix bajo el agua jabonosa y luego siguió colocando sus caballitos en el borde de la bañera.

—¡Cállate! ¡Eres tonta!

De un manotazo, Nix tiró los caballos. Algunos cayeron blandamente en el agua, pero la mayoría se despeñó contra el suelo, las cabezas boca abajo y los cascos en el aire. Al oír el llanto desconsolado de la pequeña, la madre acudió corriendo.

—¡No pienso pedir perdón! —gritó Nix. Y, sin decir más, salió de la bañera, apagó la música y se marchó dejando tras de sí un rastro furioso de agua.

Estuvo con el ceño fruncido y protestando durante toda la cena. La tortilla estaba fría; las tostadas, blandas; la leche quemaba y, de un golpe, tiró el vaso. Nox se apresuró a esconder el caballito blanco, que había colocado junto a su plato. Cuando su hermana empezó a extender con la mano la leche derramada, el padre estalló.

—¡Se acabó! ¡A la cama, Nix!

La niña se volvió hacia su madre, pero ella miró hacia otra parte y no dijo nada. Nox, que sufría cuando sus padres se enfadaban con su hermana, le tendió su propio vaso de leche.

—Toma.

—¡No!

Y Nix se marchó; cada paso, una pequeña explosión. De un portazo se encerró en su habitación. En la cocina, Nox sacó de nuevo su bonito caballo blanco con las riendas adornadas con plumas de colores y, sin mirar a nadie, lo acarició.

Cuando la madre entró en el dormitorio, Nix por fin habló.

Más que hablar, estalló:

—¡Alberto es un imbécil!

—¿Quién es Alberto? —la madre se sentó en la cama, pensando si el tal Alberto sería el causante de los gritos de su hija aquella tarde.

—¡Un imbécil!

—Eso ya lo has dicho antes. Espera, ¿ha sido él quien te ha arañado la cara?

Nix extendió el brazo para enseñar el círculo rojo del mordisco:

—¡Mañana le voy a dar una torta que se va a enterar!

—Cuéntame qué ha pasado hoy en el colegio.

La niña cerró los puños, pero no dijo nada.

—¿Qué ha pasado, Nix?

—No te lo digo.

—¿Por qué te has peleado con ese niño?

—¡Es un idiota! ¡Dice que no podemos volar en la misma flecha!

—¿Volar? No te entiendo.

—Yo, tú, papá y Nox no podemos volar en la misma flecha —explicó Nix.

—¿Por qué?

—Porque somos distintos.

—¿Distintos?

—¡Sí, distintos! —la cría alzó la voz, irritada con las preguntas.

—No grites, Nix. Claro que somos distintos: vosotras sois pequeñas, y papá y yo somos mayores.

—¡Más distintos!

—¿Más distintos?

—¡¡Más distintos!! —repitió la niña, enfurecida con la incapacidad de su madre para entender lo que le contaba. De repente, abrió sus ojos mayúsculos y exclamó—: ¡Papá es un Pelícano, tú eres una Cigüeña y Nox y yo somos golondrinas!

—¡Ah! No me había dado cuenta de que Nox y tú sois dos golondrinas —dijo la madre lentamente.

—¡Nunca te acuerdas de nada! ¡Siempre se te olvida

lo que dices! ¡TÚ me dijiste que Nox y yo somos iguales que las golondrinas!

—Es verdad, no te enfades, sois pequeñas y muy listas como ellas. Bueno, entonces papá es un Pelícano, yo soy una Cigüeña y Nox y tú sois dos golondrinas. Pero todavía no entiendo por qué no podemos volar en la misma flecha.

—¡¡Porque somos distintos!! ¡¡Ya te lo he dicho!! —la cría estaba fuera de sí.

La madre respiró con esfuerzo, como si el aire se hubiese cargado de arena, le oprimiera la garganta, le sofocara los pulmones. Sólo las palabras salieron veloces de su boca:

—Pero eso no importa, Nix.

Llevaba aguardando ese momento desde la primera vez que la tomó en brazos. Sabía que un día alguien le diría a su hija que era diferente y que aquellas palabras la golpearían como piedras. Había sucedido, finalmente, en el colegio.

—¡Sí importa! ¡La flecha no funciona! Todos tendríamos que ser golondrinas. ¿No lo entiendes? Para ser una familia hay que ser iguales. En la familia de Kim son rubios y en la familia de Alberto son... ¡Son imbéciles! ¡Como él!

—Nix, para ser una familia no hay que ser iguales. Hay padres muy bajos con hijos muy altos, y padres muy feos con hijos muy guapos. Hay amigos que se parecen tanto como si fuesen hermanos y hay hermanos que se parecen tan poco que podrían ser sólo amigos. Los hijos no tienen que parecerse a los padres.

—Pero todos han estado dentro de la barriga de su madre, y yo no. Alberto dice que no sois mis padres verdaderos.

—¡Tú eres mi hija verdadera! —exclamó la madre.

La niña negó con la cabeza. Tenía el ceño fruncido y los brazos cruzados.

—Nix, a mí también me hubiera gustado tenerte aquí dentro —la madre señaló su vientre—, pero sólo porque así habría estado siempre contigo. Lo único que me importa de que nacieras fuera de mi barriga es que estuvimos separadas durante meses.

—¡¡Pero yo quería estar en tu barriga!!

La mujer sintió en el corazón la angustia de Nix, su rabia. La felicidad de sus hijas era su felicidad; la desgracia de sus hijas, su desgracia. No quería que el dolor las tocara, no quería que las tocara el daño. Estaba preparada para defenderlas de los peligros y amenazas que les depararía el futuro, pero no sabía cómo protegerlas de los zarpazos del pasado. Su amor no bastaba para llenar el agujero que el abandono había dejado en Nix. Todo el amor del mundo no hubiese bastado para limpiar aquel escupitajo. Extendió los brazos para coger a la niña, pero ella se apartó.

—¡Déjame!

Su voz, imperiosa y emotiva, empezaba a enronquecer. A la madre la sobrecogía siempre escuchar el eco roto del dolor en la boca de su hija de seis años. Era muy pequeña para haber padecido tanto, pero el dolor es una raíz, no es un árbol. El futuro le es ajeno, crece en el pasado. El sufrimiento de Nix era viejo, mucho más viejo que ella.

—Alberto tiene razón al decir que somos distintos —dijo la madre. No podía hacer nada para cambiar el pasado, pero sí podía aligerar la angustia, calmar el dolor, aliviar el daño—. Nox y tú sois dos golondrinas muy bonitas, mientras que papá es un Pelícano horrible y yo, una

Cigüeña horrorosa. A veces me pregunto cómo es posible que nos queráis siendo tan feos.

La cara de Nix expresaba tanta rabia que daba lástima.

—¿Tú nos quieres? —preguntó la madre.

La niña permaneció inmóvil y silenciosa.

—¿Tú nos quieres a papá y a mí? —repitió la madre.

Nix movió lentamente la cabeza para decir que sí.

—¿Y tu hermana nos quiere?

La niña se encogió de hombros.

—¿Nox no nos quiere?

A regañadientes, la niña asintió.

—Entonces está claro que podemos volar en la misma flecha.

—No podemos —insistió Nix.

—Sí, Nix, sí podemos. Para volar en la misma flecha es necesario ser una familia, y la única condición para ser una familia no es ser iguales ni haber estado en la barriga de la madre, sino que quienes la forman se quieran y se cuiden. Papá y yo os queremos muchísimo, y si tú nos quieres y Nox también nos quiere, entonces somos una familia verdadera. Por eso volamos siempre juntos, diga lo que diga Alberto. ¿Te acuerdas de la flecha que formamos los cuatro cuando regresamos de China con Nox?

Nix no dijo nada.

—¿No te acuerdas?

—No estamos hablando de eso —la niña miró a la madre con desconfianza—. Si yo soy una golondrina y tú eres una Cigüeña, ¿cómo supiste que yo era tu hija cuando viniste a buscarme a China? —Cada palabra raspaba al salir de su boca.

—Al verte, lo sentí aquí y aquí y aquí —y la mujer iba señalándose el corazón, la cabeza, las distintas partes del cuerpo.

—¿Y ahí? —Nix señaló el ombligo.

—Aquí también. Ahora a dormir, que es muy tarde.

—No te vayas, mamá.

La niña, nerviosa, sujetó la chaqueta que vestía la madre y empezó a juguetear con los botones. Necesitaba algo, pero no sabía qué. No lo sabía, pero no podía dejar de buscarlo. Mientras pensaba, sus pequeños dedos metían los botones en los ojales.

—La mamá de Kim tiene un botón para que no se caiga su hijo.

—¿Dónde?

—Ahí —la niña señaló el ombligo de la madre—. Lo ha empujado hacia dentro hasta que se ha convertido en un botón y entonces lo ha metido en el ombligo de su bebé para que no se caiga al suelo cuando ella está de pie. —Nix terminó de abrochar la chaqueta y tiró de los dos lados como si intentara separarlos—. Así, ¿ves?

Nix se tumbó en el regazo de la madre. Esta vez no se apartó cuando ella le acarició la cabeza.

—Si no estuviera atado al botón, el bebé se escaparía de la barriga por la noche, cuando su mamá está dormida.

—Ah, ¿sí?

—Sí, todas las mamás tienen un botón. Cuando tú viniste a buscarme, probaste el tuyo en el ombligo de todas las niñas y todos los niños de China, pero no le cabía a ninguno. Entonces viniste a la casa donde yo vivía y tu botón entró en mi ombligo a la primera. Por eso supiste que yo era tu hija. Yo había nacido fuera de tu barriga, pero tu botón sólo me servía a mí.

Nix acercó el ojo al ombligo de su madre, como si fuese la mirilla de una puerta.

—No se ve nada.

Lo presionó entonces, intentando localizar algo duro y redondeado.

—A lo mejor yo no tengo botón —dijo la madre.

—¿Por qué?

—Porque no puedo tener hijos en la barriga.

—¡Sí, sí tienes un botón!

—Para, Nix, me haces daño.

—¡No! —la niña hundió el dedo en el ombligo.

La mujer apartó bruscamente la pequeña mano y se levantó.

—¡Basta! —Estaba cansada de no saber qué hacer ni qué decir para calmar a su hija. Cansada y furiosa, al sentir cómo la rabia de la cría se volvía contra ella.

Nix la miró con ojos mayúsculos. No quería que su madre se fuera.

—¡Ya me acuerdo, mamá! ¡Tu botón se cayó cuando volvimos de China con Nox! Después de dos niños ya no sirve y se cae. A la madre de Kim le va a pasar igual.

La mujer suspiró.

—Nix, aunque nunca hubiese tenido un botón para sujetaros a ti y a Nox, tú eres mi hija y Nox es mi hija.

La cría golpeó la cama con los puños. Estaba harta de no entender. Estaba harta de su angustia. Estaba harta de ser distinta.

—Si no tienes botón, ¿cómo supiste que yo era tu hija?

La madre hubiera querido explicarle lo que significaba que ella y Nox fuesen sus hijas. No eran suyas como eran suyos los dos brazos, las dos piernas, los dos ojos. No eran suyas como eran suyos sus padres o sus hermanos. No eran suyas como era suyo su marido. Podía imaginarse la vida sin brazos, sin piernas, sin ojos; podía imaginarse la vida sin padres y sin hermanos; podía imaginarse la vida sin marido, pero no podía imaginarse la vida sin Nix y sin Nox. Su vida eran ellas.

—¿Me dejas un sitio? —le dijo a Nix para tumbarse a su lado.

En verano, las niñas y ella dormían juntas la siesta. Tendida entre Nix y Nox, los dos cuerpecitos apretados contra ella, aspiraba su olor, escuchaba su respiración, observaba cómo el sudor pegaba el pelo oscuro a sus caritas. Dormían con la entrega absoluta y confiada de quienes saben que están a salvo. Eran tan frágiles y tan hermosas que la madre las abrazaba, con cuidado para no despertarlas, y pensaba: mis hijas, mis hijas. Y ese pensamiento la hacía tan feliz que lloraba.

—¡No! ¡Vete! —Nix abrió los brazos y las piernas para impedir que su madre se acostara con ella.

—Por favor —le rogó la madre.

Aunque Nix hubiera nacido lejos de ella, estaba dentro de ella. El amor no necesita lazos de sangre. Aunque sus lazos no se ven, atan con mayor fuerza. Pero las palabras de Alberto eran contundentes como piedras y decían lo contrario:

Las cosas sí son como parecen.

Eres distinta.

No eres su hija.

No es tu madre.

No es tu familia verdadera.

No perteneces.

La madre contempló a la niña. Estaba rígida sobre la cama con los brazos abiertos y la cara vuelta a la pared, igual que un pájaro derribado a pedradas. Alzó la mirada y buscó una historia más allá del círculo de luz que dibujaba la lamparita. Lo que necesitaba no estaba a la vista. Lo sabía con la misma certeza que el jardinero sabe que el secreto de las plantas se encuentra en la oscuridad de la tierra. Entonces recordó las golondrinas volando entre el día y la noche, sus cuerpos negros contra el azul del cielo, trazando el alfabeto de los pájaros antes de que se junten las sombras.

—¿Te acuerdas de la fiesta que celebramos cuando llegaste a casa?

Nix negó con la cabeza.

—Papá y yo estábamos tan contentos de tenerte con nosotros que decidimos celebrar una gran fiesta. Tenía que ser algo muy especial, mucho mejor que el mejor cumpleaños que puedas imaginarte. Ese día tú serías la reina y queríamos que fueses muy feliz. Pensamos y pensamos qué podría gustarte hasta que, de repente, nos acordamos de la fiesta de las golondrinas. Eso era justo lo que estábamos buscando.

La niña la miraba en silencio.

—¿Nunca te he hablado de la fiesta de las golondrinas?

Nix negó con la cabeza.

—¿De la famosa fiesta de las golondrinas?

—No —dijo Nix con su voz ronca.

—¿Quieres que te la cuente?

La niña se encogió de hombros.

La mujer se levantó, cogió la bola del mundo que estaba sobre la estantería de los libros y la llevó hasta la cama. Encendió el interruptor que pendía de la bola y el globo azul se iluminó entre sus manos como una luciérnaga de agua.

—Escucha con atención. Aquí —señaló un punto en el norte de Argentina— hay un pueblecito que se llama Goya. Ahora que nosotros vamos con abrigos y bufandas, los niños de Goya pasean en pantalones cortos y chanclas porque allí el tiempo va al revés y en invierno hace calor y en verano, frío. El río Paraná está muy cerca y en los campos abunda el agua. Todo es verde: las inmensas hojas de tabaco de las plantaciones, el arroz tierno que crece en las lagunas y en los estuarios, los árboles... Bajo las plantas brilla el agua como un gran pez plateado sobre el que revolotearan millares de insectos. Las golondrinas cruzan el cielo mientras chillan tsuit tsuit tsuit; cuando tienen hambre, comen, cuando tienen sed, beben y cuando tienen sueño, duermen. Su felicidad es contagiosa y los vecinos las quieren tanto que les han hecho un monumento.

Pero a mediados de febrero empieza a refrescar y las golondrinas, que son muy frioleras, se preparan para partir. Se atiborran de hormigas, libélulas, moscas, mosquitos, gusanos..., de todos los insectos que encuentran para aguantar el largo viaje. Y una mañana muy temprano se ponen en marcha. Los habitantes de Goya acuden temblando a despedirlas y contemplan cómo se juntan y se separan velozmente en el cielo. Forman negros nubarrones y, al instante siguiente, se dispersan de forma caótica y violenta como granizos oscuros. Giran cada vez más rápido y llaman chillando a las rezagadas: «Despierta, despierta, no hagas tu nido en el frío.» Cuando están todas reunidas, dibujan sus largas flechas y desaparecen.

—¿Van a China?

Los ojos de la madre brillaron al comprobar que la niña estaba pendiente de la historia.

—No, no van a China.

—¿Adónde van?

—En cuanto el alcalde del pueblo llegue al ayuntamiento lo vas a averiguar.

—¿Por qué?

—Porque va a entrar en su despacho, descolgar el teléfono y marcar el número del ayuntamiento de un pueblo que se llama San Juan Capistrano.

La madre hizo con la mano el gesto de hablar por teléfono.

«Buenos días, alcalde», dice el alcalde de Goya al alcalde de San Juan, «las golondrinas ya se han ido».

El hombre, muy triste, ya no dice más y cuelga. Pero, al otro lado del teléfono, el alcalde de San Juan da saltos de alegría y llama al prior del viejo monasterio franciscano del pueblo:

«Padre Tomás, ¡ya están en camino!»

Hacia San Juan Capistrano vuelan las golondrinas mientras el pueblo entero empieza a prepararles el recibimiento: ¡la gran fiesta de las golondrinas! Los monjes limpian las cuatro campanas de la iglesia y prueban su sonido para que repiquen con fuerza en cuanto la primera aparezca en el cielo. Las madres cosen disfraces de golondrina a los niños: tela blanca para el vientre y tela negra para la cabeza, el lomo, las alas puntiagudas y para la cola de tijera. Los músicos ensayan las canciones, los maestros escriben poesías de bienvenida, unos organizan desfiles, otros planean carreras... y todos, el alcalde, los monjes, los vecinos y los niños, cuentan los días que faltan para que lleguen las golondrinas.

—¿Tardan mucho?

—Un mes.

—¿Un mes es mucho?

—Treinta días.

—¿Eso es mucho?

—Para los vecinos de San Juan es una eternidad, pero para ellas el tiempo pasa volando.

—¿Por qué tardan tanto?

—San Juan está muy lejos de Goya. Mira.

La madre colocó un dedo sobre Goya y lo deslizó hacia arriba. Atravesó Paraguay, Bolivia, Brasil, Perú y Ecuador, sobrevoló el océano Pacífico, pasó por encima de la línea del Ecuador, que rodeaba la bola como un cinturón azul oscuro, continuó hasta adentrarse en México y, por fin, se detuvo en el sur de California, entre Los Ángeles y San Diego.

—¿Has visto la distancia tan larga que tienen que recorrer las golondrinas?

—¿Por qué no van a China?

—Porque ellas sólo son felices en San Juan.

—¿Por qué?

—No lo sé, pero a nosotros nos pasa igual. Algunos lugares nos hacen sentir muy bien y otros, que a lo mejor son más bonitos, no.

—A lo mejor no les gusta China —aventuró la niña, que tenía sentimientos muy confusos hacia el país donde había nacido.

—No creo que sea eso. Tal vez no han ido nunca, pero no sienten curiosidad porque son muy felices en San Juan.

—¿Ellas saben que les están preparando una fiesta?

—Sí, y les gusta tanto que vuelan a toda velocidad para llegar cuanto antes. Ni siquiera se detienen para comer y beber durante el día.

—Pero si no comen, se mueren.

—No, no se mueren. Vuelan de un tirón desde el amanecer hasta la puesta de sol, y entonces paran a comer algo y descansar.

—Pero son muy pequeñas para aguantar un viaje tan largo.

La madre sonrió; la voz de Nix iba bien con la roja pintura descascarillada de sus uñas.

—Su deseo es mucho más grande que el hambre y el

cansancio. Sólo piensan en llegar, pero cuando divisan el pueblo, por primera vez desde que iniciaron el viaje, sienten un apetito feroz. Adivinan los racimos de gordas uvas negras, los higos maduros, las dulces nectarinas, las hierbas balanceándose en los canales. Les llega el susurro mentolado de los eucaliptos, el fresco chapoteo de los ríos, el apetitoso rumor de los insectos. El sol caldea sus picos y acaricia sus plumas. Y ellas aceleran el vuelo mientras anuncian su llegada: *Viajeras somos / de negros vestidos / debajo de las tejas / hacemos los nidos.*

En cuanto las escucha, el monje que vigila desde el campanario del monasterio grita: «¡Golondrinas! ¡Padre Tomás, las golondrinas!» y corre a repicar las campanas, mientras se persigna porque han llegado a tiempo para la misa, como cada año. Los vecinos dejan lo que están haciendo y salen corriendo a las calles para recibirlas. Los niños, vestidos de golondrinas, saludan con sus alas de tela a las golondrinas del cielo. Unos y otras chillan excitados al verse tan parecidos. Entonces empieza la diversión.

—¿Qué ocurre? —Nix había abierto sus ojos mayúsculos.

—Mientras suenan las campanas, las golondrinas se lanzan en espiral y hacen tirabuzones y rulos, sin dejar de cantar su canción: *Con la primavera / llegamos las viajeras / nuestro nido es de barro / nuestra cola, de tijera*. Rápidas como aviones, atraviesan el cielo sobre los rostros sonrientes de los vecinos, que aplauden sus acrobacias. A los niños les encanta ver cómo se lanzan en picado, igual que proyectiles, y cómo, cuando parece que van a estrellarse contra el suelo, remontan a toda velocidad.

—¡Mamá, yo quiero ir a la fiesta de las golondrinas! —exclamó Nix.

—Tú ya has estado en dos.

—¿Yo? ¿Cuándo?

—Cuando llegaste a casa desde China celebramos la primera fiesta de las golondrinas. Y cuando llegó Nox, celebramos la segunda. ¿No te acuerdas?

Nix intentó recordar:

—¿Quiénes vinieron a la fiesta?

—Vinieron los abuelos y los tíos y los primos y nuestros amigos con sus hijos. Todos estaban muy contentos, pero los más contentos éramos papá y yo. Nos sentíamos tan felices como los vecinos de San Juan cuando aparecen las golondrinas.

—¿Por qué están ellos tan contentos?

—Porque las golondrinas ponen fin al invierno. Con ellas se acaban los días cortos y fríos y las noches largas y tristes.

—¿Se acabó el invierno cuando yo llegué?

—Sí, tú trajiste la primavera.

—¿Y cuando llegó Nox?

—Ella trajo el verano.

—Mamá, no puede ser, porque Nox y yo estamos aquí y hace mucho frío en la calle.

—Sí, pero en casa hace mucho calor. Por eso tu hermana y tú siempre os destapáis por la noche. Y, hablando de noche, ya es hora de dormir.

—Mamá, no te vayas todavía. Las golondrinas del cielo saben que las golondrinas que las saludan en San Juan no son golondrinas como ellas. No vuelan y son de tela. No son su familia verdadera.

—Las golondrinas de tela y las golondrinas del cielo se quieren tanto que ni unas ni otras se dan cuenta de que son distintas.

Los dedos de Nix revoloteaban sobre la cama como las ideas en su cabeza.

—¿Kim vino a mi fiesta?

—No, todavía no la conocíamos.

—¿Y vino a la fiesta de Nox?

—Tampoco.

Nix sonrió orgullosa.

—Yo he estado en dos fiestas de las golondrinas y ella, en ninguna.

—Es verdad.

—Quiero ir a la fiesta de San Juan y quiero que Kim venga con nosotros, pero tiene que disfrazarse de golondrina y vosotros también.

—¿Y tú?

—Nox y yo no tenemos que disfrazarnos porque somos golondrinas.

—Trato hecho: invitaremos a Kim cuando vayamos a San Juan. Pero, ¿por qué no esperamos a que nazca su hermano? Así también podrán acompañarnos sus padres y el bebé.

—¡Seremos dos flechas iguales! ¡En cada una habrá un padre, una madre y dos hijos! —Nix estaba entusiasmada—. En nuestra flecha iremos papá, tú, Nox y yo, y en su flecha irán los padres de Kim con Kim y Kom.

—¿Los padres de Kim irán con King Kong? ¿King Kong? ¿El rey de los monos?

—¡No! —Nix se rió con ganas—. ¡King Kong, no! ¡Kim y Kom!

—¿Kom? ¿Quién es Kom?

—Pues el hermano de Kim. Yo soy Nix y mi hermana se llama Nox, así que el hermano de Kim es Kom.

—Ah, Kim y Kom. Te había entendido King Kong.

La niña se retorcía de risa:

—¡King Kong! —Ya estaba tan ronca que su risa parecía un pequeño graznido—. ¡El hermano de Kim es King Kong!

—Chssss, no le digas eso a Kim porque se va a enfadar, y su madre también se enfadará conmigo si se entera.

La madre hizo cosquillas a la niña y ella hizo cosquillas a la madre, que también se rió. Las dos rodaron en la cama y se enredaron como un nudo mientras reían, hasta que la madre se separó jadeando.

—Basta ya de juerga, que es hora de dormir. ¡Mira qué tarde es! Buenas noches, pajarita.

Tan pronto la madre salió, entró el sueño en la habitación. Sus dedos pesados estaban cerrando los párpados de Nix cuando sucedió. Primero apareció una golondrina. Sobrevoló el dormitorio con las alas puntiagudas extendidas y la cola abierta como una tijera. Cuando hubo observado bien el cuarto, emitió su aguda llamada: tsuit tsuit tsuit. Las sombras, al igual que las piezas de un puzle, se separaron en pequeños pájaros palpitantes y la habitación se llenó de golondrinas.

Parecían todas iguales, pero Nix se dio cuenta de que algunas llevaban una bolsa colgando del cuello, igual que los pelícanos, y otras tenían el pico largo y puntiagudo de las cigüeñas. Entre todas las golondrinas sorprendió una con la cara de King Kong y le pareció tan cómica que empezó a reír. Al oírla, las golondrinas comenzaron a chillar excitadas mientras giraban unas en torno a otras. Volaban tan rápido que sus cuerpos oscuros se desdibujaban en el aire como tinta en el agua hasta que el dormitorio quedó, de nuevo, en sombra.

Nix calló, fascinada. En ese momento, oyó unas risitas sofocadas que salían del Armario de las Lenguas. El mueble, grande y panzudo, había aparecido como siempre en la esquina de la habitación. La niña saltó de la cama y, al abrir las puertas, esto es lo que vio:

?	?	?	?	?
ESPAÑOL	FRANCÉS	PORTUGUÉS	INGLÉS	ITALIANO
ja ja ja	**ha ha ha**	**rá rá rá**	**ha ha ha**	**ah! ah! ah!**

Las golondrinas se habían refugiado en el Armario. En hilera y con las alas negras extendidas, jugaban a ser perchas. Se balanceaban arriba y abajo y cuando chocaban, en lugar de enfadarse, reían. Lejos de emitir un enojado tsuit tsuit tsuit, soltaban unas carcajadas tan contagiosas que a la niña se le escapó una risita. Antes de darse cuenta, estaba partiéndose de risa. Las golondrinas se carcajeaban sin parar. Era tan irresistible su alegría que Nix cayó al suelo y empezó a retorcerse de la risa. Movía las piernas y los brazos mientras se desternillaba, se descoyuntaba, se descuajaringaba. Reía y reía sin poder detenerse. Era imposible no troncharse al escuchar reír a las golondrinas.

Nix estaba radiante, no se lo había pasado mejor en su vida. Aquel Armario era el lugar más divertido del mundo. La niña daba saltos de gozo, ligera y animada como un chiste. Las golondrinas permanecían inmóviles con las alas extendidas mientras se carcajeaban a gusto. Cuando se cansaban de reír con la A —ja ja ja ha ha ha rá rá rá ah ah ah— entonces se carcajeaban con la E —je je je he he he je je je—, o seguían con la I —ji ji ji hi hi hi—, con la O —jo jo jo ho ho ho— y hasta con la U —ju ju ju hu hu hu—. Nix se mondaba. Ja ja je je ji ji... Era feliz, muy feliz. Y, de repente, comenzó a llorar. Le caían unos lagrimones redondos como garbanzos, pero no sabía si lloraba de la risa, del súbito dolor de barriga que le habían causado tantas carcajadas seguidas o porque sus manos habían llegado a la percha china y no había ninguna golondrina. Estaba vacía.

La niña chistó para detener el jolgorio y, por un segundo, las golondrinas guardaron silencio, pero les temblaban los picos del esfuerzo por contener la risa y enseguida estallaron en carcajadas. Ni siquiera callaron cuando Nix sintió un golpe de plumas y viento contra la cara y, asustada, dio un grito. De entre las perchas había salido volando una golondrina que la rozó con las alas antes de alejarse velozmente hacia el fondo sin fondo del Armario. De su pico colgaba una hebra larga y retorcida. Las golondrinas que encontraba a su paso dibujaban espirales en torno a la hebra y luego, riendo, detenían el vuelo, extendían las alas y simulaban de nuevo ser perchas.

Nix intentó seguirla, pero no pudo avanzar, porque las demás golondrinas le hacían cosquillas con sus plumas en cuanto se aproximaba. «¡Parad! ¡Más cosquillas, no! ¡Parad, por favor!», les decía la niña, que lloraba y reía al mismo tiempo. La veloz golondrina lanzó un chillido como si la llamara y desapareció de su vista. Tras ella quedó flotando un instante la larga hebra. Luego también desapareció.

Nix ya no reía. Lo que antes le parecía cómico, ahora le dolía. Chistó varias veces para acallar las golondrinas, gritó, dio fuertes palmadas para asustarlas, pero nada conseguía detener sus carcajadas: ha ha haaaaa ji ji jiiii he he heeeee rá rá rááá jo jo joooo ah ah ah hi hi hiiiiiii ha ha haaaaa ju ju ju ja ja ja ah ah ah ju ju ju je je je... Las risas resonaron, incontenibles y escandalosas, en el dormitorio de Nix durante toda la noche.

Pero en la casa nadie oyó nada porque todos dormían.

VII

LA HABITACIÓN CERRADA

En la vida de Nix las puertas habían jugado un papel esencial. A ella no la habían abandonado en un bosque, como sucede en los cuentos, ni en una cestita flotando sobre el agua. A ella la habían abandonado en el umbral de una puerta cerrada. Cuando se abrió, su existencia dio un vuelco. El breve movimiento de la madera sobre los goznes provocó un cataclismo. Salió del mundo y entró en el limbo de los niños, el orfanato. Nada ni nadie, desde entonces, había alterado con tanta radicalidad su destino. Nada ni nadie, probablemente, lo haría en el futuro. Aquella puerta marcó con su trascendencia otras puertas: puertas que se abrían al porvenir, puertas que se cerraban y cerraban con ellas el pasado.

La niña no tenía memoria del inicio de su vida. No la atormentaban los recuerdos, sino el olvido.

Nix tenía pesadillas a menudo. Se despertaba gritando y los gritos despertaban a sus padres, que acudían asustados a calmarla. Dormía poco y amanecía cansada e irascible. Con el gesto malhumorado y ojos de tormenta, igual que aquella mañana. En cuanto sacó los pies de la cama, se negó a vestir la ropa que le había preparado su madre, se negó a ponerse los zapatos, se negó a terminar el tazón de leche, se negó a lavarse los dientes, se negó a coger el paraguas a pesar de que llovía, se negó a ponerse la capucha y se negó a darse prisa. A punto estuvo de perder el autocar del colegio. Subió a regañadientes y continuó discutiendo con su madre hasta que la gran puerta del vehículo se cerró tras ella.

En clase le faltó tiempo para decirle a Kim que su hermano era el rey de los monos, Kim-Kom. Su amiga lloró, pero su llanto no frenó el enojo de Nix, que peleó con todo el que se le acercó. Cuando llegó la hora del recreo, se sentó sola en una esquina del patio. Una bandada de gansos cruzaba por encima de su cabeza. Iban graznando, un coro de voces ásperas y chillonas en el cielo nublado. Parecían enfadados. Como ella.

—¿Qué haces?

Era Alberto. Nix frunció el ceño y desvió la vista hacia el suelo. La lluvia de la mañana había arrastrado las hojas de los árboles y los niños, al pisarlas, las habían convertido en una pasta marrón y resbaladiza, que se extendía aquí y allá. Alberto aún no se había movido cuando la niña se giró hacia él. Sus ojos brillaban.

—Estoy escuchando lo que dicen los gansos.

—¿Gansos? ¿Qué gansos? —El niño tenía un rostro ingenuo y algo bobalicón.

—¿Gansos? ¿Qué gansos? —repitió Nix imitándolo, luego señaló el cielo—: ¡Esos gansos!

—¡Ja! Los gansos no dicen nada porque no saben hablar.

—¿Y tú qué sabes?

—Claro —replicó Alberto, burlón—, tú los entiendes porque eres una gansa, como ellos.

—¿De verdad que no los oyes? ¡Lo están pasando fatal!

Nix hablaba con tanta convicción que el niño levantó la cabeza hacia las aves.

—¿Qué les pasa?

—¿Quieres que te cuente de qué están hablando?

—Sí.

—¿Ves los dos gansos que van al final de la flecha? Pues fíjate en el que tiene el cuello más largo.

Alberto estiró su propio cuello hacia el cielo, como si pudiera así introducir la cabeza entre las aves.

—Ése es el que ha empezado el lío —prosiguió Nix—. Todos volaban en silencio hasta que él le ha gritado al que tiene delante que le diga al pájaro guía que acelere porque se le está helando la cola.

—¿De verdad?

—Sí, el pájaro guía está furioso. Ha dicho que si el de atrás tiene la cola fría, él tiene el pico congelado. Tiene el pico tan congelado que no puede abrirlo ni siquiera para quejarse. Y ha dicho también que, si no están contentos con su trabajo, se ponga otro en su lugar y él se va detrás a descansar, que está harto. Y ha dicho más cosas, pero, como hablan todos a la vez, me cuesta mucho entenderlo.

La mano izquierda de Nix empezó a tantear el suelo, mientras con la derecha señalaba el cielo:

—¿Ves el ganso que va dos puestos detrás del pájaro guía?

—Sí, sí, lo veo —afirmó Alberto, entusiasmado.

—Está protestando porque el que va delante de él está acatarrado y no para de moquear. Y, claro, como los gansos no llevan pañuelos, los mocos van para atrás con el viento y le caen a él en la cara. ¿Lo ves?

—No.

—¿No ves los mocos?

—No, no veo nada —Alberto echó la cabeza hacia atrás mientras abría los ojos todo lo que podía.

—Fíjate bien.

Alberto dobló el cuello aún más. Nix se levantó entonces a toda velocidad y le lanzó a la cara las hojas deshechas que había recogido del suelo. Al sentir la sustancia fría y viscosa que le resbalaba hacia la boca, el niño gritó asustado. Pero Nix gritó más fuerte:

—¡Aj! ¡Qué asco! ¡A Alberto le ha caído un moco de ganso en la cara! ¡Qué asco! ¡Alberto tiene la cara llena de mocos!

Luego se volvió hacia él y le dijo con rabia:

—Yo no he nacido de una barriga, he nacido de un huevo porque mi madre es una Cigüeña. ¡Idiota!

Y se alejó brincando.

Corrió a contarle a Kim lo que había pasado, pero su amiga seguía enfadada y le dio la espalda. Igual pasó con sus otros compañeros. Nadie quiso oír cómo se había vengado de Alberto, pero a ella no le importó. Por primera vez en el día se sentía feliz. A la salida del colegio, intentó de nuevo hablar con Kim, pero ésta escapó sin decirle adiós. Cuando vio adónde iba, a Nix se le ensombreció la cara, como si el vientre embarazado hacia el que corría su amiga fuese una nube que tapara el sol.

—Hola, hija.

La niña saltó en brazos de su madre y enterró la cara en su cuello para no ver. La piel era muy suave y olía tan bien que sacó la punta de la lengua y la chupó.

—Mira cuántos gansos hay en el cielo, Nix.

El sonido desafinado de los graznidos le recordó a Alberto. Sonriendo, levantó la vista, pero esta vez la bandada no le pareció una flecha. Ni siquiera le recordó una uve, como decía su padre. Los gansos dibujaban una barriga. Una barriga enorme, colosal, gigantesca.

Como ésta:

–

–

–

–

–

–

–

–

–

–

–

Nix pensó en la suerte de Kim-Kom, que pronto nacería; pensó en la suerte de Kim; pensó en la suerte de los demás niños de su clase.

Cuando llegó a casa, escuchó cantar a Nox. La espontánea felicidad que contenía la voz de su hermana la irritó. Nox también había venido de un orfanato de China, pero ninguna sombra parecía amenazarla. Se dirigió decidida a su cuarto. La pequeña estaba rodeada de ponis, yeguas, percherones, purasangres...

—Tú no has nacido de la barriga de mamá.

Nox siguió jugando. A ella no le interesaban las barrigas. A ella sólo le interesaba que los caballitos de plástico que estaba colocando formasen una fila perfecta.

—¿No me oyes? —insistió Nix—. ¡Tú no has nacido de la barriga de mamá!

Nox alzó el caballito blanco a la altura de su cara para que él también mirara a su hermana.

—Sí, sí he nacido de la barriga de mamá —y movió el caballo como si asintiera.

—No, tú vienes de otra barriga.

—No.

—Sí, tú vienes de una barriga de China.

—No, yo no he venido de una barriga de China.

—¡Sí! ¡Sí has venido de una barriga de China! —exclamó Nix con rabia.

Nox vaciló un instante.

—No. ¡Yo he nacido de MI barriga! —la cría señaló satisfecha su vientre diminuto y volvió a ocuparse de sus caballos.

Nix salió de la habitación dando un portazo. Apenas se había alejado cuando volvió sobre sus pasos y entró de nuevo en el cuarto.

—¡No entiendes nada! Los pelícanos y las cigüeñas no tienen hijas golondrinas.

Nox se encogió de hombros.

—¿No lo entiendes? ¡Papá es un Pelícano, mamá es una Cigüeña y tú eres una golondrina! —repitió Nix.

—¡Yo no soy una golondrina! —saltó Nox—. ¡SOY UN CABALLITO!

—¡No!

Nix se tapó los oídos, corrió a su dormitorio y empezó a pintar.

Pintó una barriga. Luego una más grande. Y luego otra aún mayor. Y otra y otra y otra más. Pintaba barrigas en papeles grandes y papeles pequeños, en papeles cuadriculados y papeles en blanco, en papeles arrugados y papeles lisos, en papeles sucios y papeles limpios. Había barrigas redondas y barrigas con forma de huevo, barrigas formidables y barrigas temblorosas, barrigas laberínticas que giraban sin descanso y barrigas que no terminaban de cerrarse. Algunas eran tan desmesuradas que se salían del papel y continuaban sobre el suelo. Nix pintaba sin descanso, con la loca esperanza de que la realidad se pareciera a lo pintado.

—¿Qué haces? —Nox estaba de pie, a su lado.

—Estoy pintando la barriga de la madre de la barriga —y cerró un círculo.

Nox contempló el dibujo.

—¿Eso es China?

—¡No! ¡Es la madre de la barriga!

—No tiene cara —dijo Nox.

Nix alzó la vista, molesta.

—Sí tiene, está detrás de la barriga.

Nox se arrodilló en el suelo y dio la vuelta a la hoja. Estaba en blanco.

—No hay nada. No tiene cara.

—Sí tiene.

—No tiene.

—¡Sí tiene, pero la barriga es tan grande que la tapa!

Nox miró de nuevo el papel y se encogió de hombros.

—No tiene brazos.

—¡Sí tiene, pero la barriga los tapa!

Antes de que su hermana pequeña dijera nada, Nix se adelantó:

—¡Y también le tapa las piernas!

Nox se encogió de hombros otra vez.

—¿Y los zapatos? ¿Dónde están los zapatos?

—¡Ahí, pero tú eres tonta y no los ves! —Nix le arrancó el papel de las manos.

Estaba furiosa. Muy furiosa. Tenía el ceño fruncido y los labios cerrados con tanta fuerza como si les hubiesen echado pegamento. Así se veía su cara:

Nox se aproximó el papel a los ojos hasta que le aplastó las pestañas.

—Ya veo los zapatos. Son muy bonitos. Son rojos. ¿Puedo jugar contigo?

—¡No, vete! ¡Es mi barriga! —Nix le dio la espalda.

Nox se acercó a ella y la abrazó por detrás, pero Nix le dio un codazo.

—¡Ah, Nix! —exclamó la pequeña con su vocecita, pero no se quejó. Se dio la vuelta y se marchó cantando.

Nix miró por encima del hombro para comprobar que estaba sola. Entonces pintó unos zapatos rojos con tacón de aguja debajo de la barriga. Encima de ella trazó una cara redonda con sus ojos, su nariz, su boca y una melena lisa y oscura partida por la mitad, como las alas de una golondrina. Contempló el dibujo, lo arrugó con rabia y lo tiró. No conservaba ningún recuerdo de la madre china. Ni un solo detalle: el olor, la voz, el tacto. Como si nunca hubiera existido.

—¡Nox! —gritó—. ¡Deja de cantar!

La pequeña siempre estaba cantando. En China no paraba de llorar y desde su llegada a casa no había parado de cantar. Cuando todavía no sabía hablar, ya canturreaba sin cesar. Algunas noches tarareaba dentro de la cama hasta caer dormida.

—¡Cállate!

Nox siguió cantando. Nix se levantó y cerró la puerta de un puntapié. Luego pisoteó todas las barrigas. No había nadie detrás, eran imágenes vacías, igual que las fotos de la familia que llenaban su habitación. Sin memoria, ella no tenía pasado. Sin pasado no había raíces. Sin raíces, estaba a merced del viento.

El viento más ligero era suficiente para tumbarla.

¿De qué están hechas las palabras?

Aire.

Una sola bastaba para que se viniera abajo: barriga.

Como un viento malsano, la palabra «barriga» había empezado a infectar la realidad. El malestar que le provocaba se había extendido a otras como «madre», «padre», «hermana», «familia», «casa»... Todo lo que antes era firme y sólido ahora se tambaleaba. Aquel extraño virus cuestionaba el significado del mundo de la niña, lo vaciaba de sentido. Incapaz de detener su avance, Nix notaba cómo se debilitaba su propio ser. Y sentía ira. Y mucho miedo.

Esa noche, cuando su madre se sentó en la cama, a su lado, la niña tocó su vientre plano.

—Mamá, si yo soy tan bonita, ¿por qué me dejó la mamá de la barriga?

La madre no lo sabía. En realidad, no sabía las respuestas a muchas de las preguntas de Nix. Pero su hija aguardaba, muy quieta, sus palabras.

—La mamá de la barriga te quería mucho, pero no tenía dinero para cuidarte. Un día le hablaron de una casa donde sólo vivían niños. En esa casa había también unas cuidadoras que buscaban para cada pequeño una familia que le hiciese muy feliz. Investigaban por todo el mundo hasta encontrar a los mejores padres. La mamá de la barriga te vistió con tu ropa más bonita, llegó contigo hasta la puerta, te dejó con mucho cuidado en el suelo, dentro de una cestita, y llamó. Entonces corrió a esconderse detrás de unos arbustos. Se quedó allí vigilándote y no se movió hasta que la puerta se abrió y una cuidadora salió a recogerte. Cuando la puerta volvió a cerrarse, la mamá de la barriga se fue.

—¿No regresó nunca para verme?

—No, cuando se marchó estaba muy triste, pero sabía que allí te cuidarían bien.

—Pero si estaba muy triste, ¿por qué me dejó?

—Nix, ¿tú eres feliz en casa con nosotros?

—Sí.

—Pues por eso te dejó, para que tú fueses feliz.

—Pero si no regresó a verme, ¿cómo podía saber que yo estaba bien?

Las sombras se movían por la cara de Nix. La madre le apartó con suavidad el flequillo de los ojos.

—Lo sabía porque hizo lo mismo que la mamá cuco.

—¿Quién es la mamá cuco?

—Es una mamá pájaro que da siempre a sus hijos en adopción.

—¿Hay pájaros adoptados? —Nix abrió sus ojos mayúsculos.

—Sí, todos los cucos son adoptados.

—¿Son chinos como yo?

—Hay cucos chinos y cucos de otros países.

—¿Aquí también? —Nix miró alrededor.

—Claro.

—¿Y dónde están sus mamás?

—Nadie lo sabe. ¿Quieres que te cuente su historia?

La niña asintió.

—Cuando está a punto de poner su huevo, la mamá cuco visita los nidos de otros pájaros para ver cuál es el más confortable y seguro. En cuanto ha descubierto el mejor, espera a que sus dueños se alejen y entonces vuela hacia allí, deja su huevo y se va. El polluelo nacerá en el nido de sus padres adoptivos y crecerá con ellos.

—¿La mamá cuco no vuelve para ver si su hijo es feliz?

—No, sabe por experiencia que su polluelo está bien porque ella también vivió con sus padres adoptivos y fue feliz, y antes que ella lo hicieron su madre y la madre de su madre y así hasta el primer cuco que existió en la tierra. La adopción es una tradición muy antigua entre los cucos.

Nix se quedó pensativa.

—La mamá cuco conoce el nido donde vive su hijo, pero mi mamá de la barriga no ha visto nuestra casa y a lo mejor cree que aún sigo en la casa de los niños. Quiero que le escribas para contárselo.

—No puedo.

—¿Por qué?

—Porque no sé dónde vive.

—Pues preguntas.

—No sé cómo se llama.

—¿Por qué no sabes cómo se llama?

La madre miró a su hija unos instantes antes de responder.

—Es así, Nix. Hay cosas que yo tampoco sé.

La niña sintió un dolor extraño, como cuando el cepillo se queda atascado en un nudo del pelo y es preciso tirar para desenredarlo. Entonces recordó los pájaros.

—Mamá, yo soy una niña-pájaro, ¿verdad?

—Sí.

—Entonces puedo buscar a la mamá de la barriga para decirle que estoy bien.

—¿Cómo?

—Yo soy una golondrina y la barriga de la mamá de la barriga es mi nido.

La madre sintió una punzada. Antes de que se diera cuenta, su hija se había levantado de la cama y estaba revolviendo los juguetes que había en el suelo.

—Nix, ¿qué haces? Vuelve a la cama.

La cría no paró hasta que localizó el disco de Carla Bruni.

—Se lo voy a regalar a la mamá de la barriga. ¿Tú crees que ella también es gris?

—¿Gris?

—Sí, así —Nix le mostró la fotografía de la cantante.

—No, hija, ésa es una foto en blanco y negro, pero Carla Bruni y la mamá de la barriga son como nosotras.

—De colores —Nix colocó el disco en la mesilla y se metió en la cama—. Dile a Nox que no toque mi disco. Siempre está cogiendo mis cosas. Como me lo pierda se va a enterar. Es para la mamá de la barriga.

La madre pensó en su marido, en cómo le repetía que no llenara de pájaros la cabeza de la niña.

—Nix, yo no sé si las golondrinas chiquititas como tú tienen tan buena memoria para recordar dónde estaba su nido.

—No importa, si yo no me acuerdo, me ayudará la golondrina guía.

—Pero algunos pájaros guía no saben el camino.

—¿De verdad? —la niña se irguió inquieta.

—Sí.

—Entonces, ¿cómo voy a encontrar a la mamá de la barriga?

Al ver la cara desolada de su hija, la madre se rindió. Tal vez su marido tenía razón, pero Nix y ella utilizaban siempre la Lengua Verde para explicar lo que no entendían, para contarse lo que sentían, para ahuyentar las sombras. Y aquélla era una lengua volandera, con palabras tan ligeras como si tuviesen alas, siempre dispuesta a inventar cosas fabulosas.

—Escucha con atención: cuentan de una nube que se encontraba muy alta en el cielo y a menudo veía pasar las aves, pero no entendía por qué volaban en forma de uve cuando salían de viaje. Les preguntó a otras nubes y ninguna supo contestarle. Hasta que un día vio pasar delante de ella una bandada de gansos y llamó al último.

—Hola, señor ganso, ¿por qué vuelan ustedes siempre en uve? ¿Qué van buscando?

El ganso encogió las alas y contestó:

—Yo sólo sigo al que tengo delante. Pregúntale a él.

La nube preguntó entonces al ganso que iba delante:

—Disculpe, señor ganso, ¿por qué vuelan ustedes en uve?

El ganso encogió las alas y contestó:

—Yo sólo sigo al que va delante. Pregúntale a él.

La nube siguió preguntando, pero ninguno sabía contestarle. Hasta que llegó al ganso que trabajaba de guía y le preguntó:

—Perdone, señor guía, ya sé que está usted muy ocupado y es mejor no molestarlo, pero ninguno de sus compañeros ha sabido explicarme por qué todos ustedes vuelan en forma de uve.

El guía, resoplando muy agitado, respondió:

—¡Y yo qué sé! Ellos me van empujando y yo tengo que acelerar el paso.

Nix se rió. Tenía rabietas feroces, pero cuando se reía... ¡Ah! Entonces abría una boca mayúscula y sus carcajadas eran tan contagiosas que todos se reían. Como se reía ahora la madre, al oírla. Tal vez su marido no tenía razón.

—Mamá, mi golondrina guía sí sabe el camino —la

cara de la niña resplandecía—. ¡Ella no es un ganso! ¡Es una golondrina y las golondrinas son muy listas! Vamos a ir a China y vamos a encontrar enseguida a la mamá de la barriga.

Nada parecía más lógico a Nix que esa repentina decisión. Sus padres habían viajado a China para ser felices. Ahora le tocaba a ella. Debía ir a buscar aquello que los demás niños tenían.

—No vas a ir a China con una golondrina —no quedaba rastro de risa en la voz de la madre. Tal vez su marido tenía razón.

—Sí, sí voy a ir —dijo la niña con seguridad—. Tengo que encontrar a la mamá de la barriga y ver si me sirve su botón.

—Las madres no tienen botones en la barriga.

Nix sintió una rabia enorme hacia su madre, un fuego furioso que devoró también a su padre y su hermana.

—Tú no lo sabes porque no has tenido hijos en la barriga, pero mi mamá verdadera sí tiene botón. Y en China también tengo un papá y hermanos que me esperan. ¡Estoy harta! —vociferó—. ¡Me vuelvo a China!

—Nix, no vas a ir a ningún sitio porque nosotros somos tu familia. No tienes una familia de verdad y otra familia de mentira. Y, por más que insistas, no existen botones en la barriga para sujetar a los bebés.

—¿Y por qué no se caen?

—Porque tienen un cordón muy largo en el centro de la tripa que los mantiene unidos a la barriga de su madre. No hay nada más.

—Te lo estás inventando —Nix se levantó la camiseta del pijama—: ¿Dónde está ese cordón?

—Cuando naciste, el médico lo cortó. La cicatriz que quedó es tu ombligo.

—¿En este agujero había un cordón? No me lo creo.

—¿Ves que parece un punto? Pues es el punto que señala el fin de la historia del bebé dentro de la barriga de su madre. Punto y final.

La madre se levantó para marcharse, decidida a no seguir discutiendo. Todos sus intentos se estrellarían contra la niña, que había cruzado los brazos y movía obstinadamente la cabeza de un lado a otro. La mujer estaba cansada, pero, sobre todo, estaba enojada con su marido, tuviese o no tuviese razón. Se encontraba en la puerta cuando Nix la llamó.

—Mamá, espera. Ya sé qué pasó. Yo tenía un hilo muy corto en la tripa y sólo pude enrollar un poquito en el botón de la mamá de la barriga. Pero como mi hilo era tan pequeño, me salí de la barriga y me caí al suelo, justo delante de la casa de los niños.

Las palabras de la niña, sus esfuerzos por iluminar la sombra que arrastraba, conmovieron a la madre, que regresó junto a su cama. Se inclinó para besarla y Nix aprovechó para echarle los brazos al cuello y abrazarla muy fuerte. Con su voz ronca, le susurró al oído:

—Tú también tenías un botón, pero se te cayó y lo has olvidado.

—¡Qué cabezota eres! A dormir ahora, que es muy tarde. Buenas noches, pajarita.

Cuando la madre salió, entró el sueño en la habitación. Apoyó los dedos pesados sobre los párpados de Nix y sintió el movimiento agitado de sus ojos. La cría estaba demasiado inquieta para dormir y el sueño, que no tenía prisa, se retiró a un rincón, se hizo un ovillo y aguardó. Nix intentó, una vez más, recordar la barriga de la madre de la barriga. En la oscuridad, introdujo un dedo en el ombligo, igual que si llamase a un timbre, y entró en el pasado. Empezó a recorrer su vida como quien abre los cuartos de la casa tras regresar de un largo verano. Sintió el olor de su madre, escuchó la voz de su padre, vio los caballitos de Nox sobre la arena de la playa, en una línea perfecta, sus ojos de plástico mirando al mar.

Nix fue abriendo de una en una las puertas de los cuartos. Mientras avanzaba, retrocedía en el tiempo. Vio la cama de sus padres, las bicicletas en el pasillo, la bañera, la cara gris de Carla Bruni, el frutero en la mesa de madera de la cocina, los imanes con forma de animales en la puerta de la nevera, las fotos que sujetaban los imanes.

Las fotos.

El imán caballo. Su hermana y ella, enlazadas por los hombros, miran a la cámara.

El imán ballena. Están en la playa. Hace viento y el pelo de su padre, el de su madre y el de ella vuelan hacia atrás. El de Nox no vuela porque lleva un gorro. El gorro es rojo, como sus zapatos. Todos miran a la cámara, menos Nox. Nox la mira a ella. Nox es muy pequeña.

El imán pájaro. Su padre la alza sujetándola de las manos, su madre la mira y los tres ríen. Nix, en el centro, tiene los ojos mayúsculos y la boca abierta de felicidad. Es su fiesta de las golondrinas. Todos son grises, como Carla Bruni.

El imán dragón. La madre la lleva en brazos y mira a la cámara. Se apoya en el ancho pecho de su marido mientras él cierra con su brazo el círculo protector que ambos han creado en torno a la niña. Se encuentran en el aeropuerto, acaban de llegar de China, están muy cansados. El padre mira a su hija y sonríe. La madre también sonríe. Ella mira al suelo. Tiene el ceño fruncido.

La niña no consiguió ir más atrás. Como si en el recorrido de la casa hubiese llegado a una habitación cerrada.

Mientras intentaba abrir la puerta, comprendió qué ocultaba: allí dentro se hallaba todo lo que había olvidado. La puerta que deseaba abrir era la del orfanato. Pero Nix no quería entrar en el edificio donde había vivido su primer año. Al contrario, quería salir para reencontrar lo que permaneció del otro lado: su origen, su punto de partida, la barriga. La puerta del orfanato marcó la separación entre dos mundos: lo que para el bebé que era entonces Nix había sido conocido se convirtió en desconocido, la presencia se transformó en ausencia, lo cotidiano devino misterio.

Lo que estaba fuera quedó dentro. En la Habitación Cerrada.

La puerta ante la que se encontraba estaba ahí para ser atravesada, era la invitación a un pasaje, pero no se abriría hasta que la niña encontrara la llave.

El sonido de unos golpes la sobresaltó. Nix miró alrededor: su dormitorio estaba abierto, como todas las noches. Además, ni sus padres ni Nox llamaban antes de entrar. El ruido provenía del interior de la habitación. Llamaban fuerte e insistentemente. La niña siguió el sonido y entonces lo descubrió: ¡Los golpes procedían del Armario de las Lenguas! Allí estaba, en una esquina del dormitorio, con su gran panza oscura sobre dos imponentes patas de dragón. Se acercó corriendo para abrirlo y esto es lo que vio:

?	?	?	?	?
ESPAÑOL	ALEMÁN	FRANCÉS	INGLÉS	CHINO
¡Pum pum!	**Klopf klopf!**	**Tocq tocq!**	**Knock knock!**	**Ko ko!**

Las perchas se levantaban en el aire y caían pesada y sonoramente, igual que se levantan y caen las aldabas sobre las puertas. Cada una tenía un toque distinto, pero todas golpeaban con un ritmo animoso y decidido.

Nix fue probando cada aldaba para llamar a la puerta de la Habitación Cerrada. Ensayó primero con el toque español. ¡Pum pum! En su mano, la aldaba se deshizo al primer golpe, dejando al descubierto una cerradura pequeña y redonda como un ombligo. La niña acercó el ojo para mirar a través de ella, pero la cerradura estaba cegada. Detrás de la puerta no se oía nada.

Probó entonces con el toque alemán. Klopf klopf! La aldaba se deshizo inmediatamente y, como en la ocasión anterior, Nix vio otra cerradura. Se acercó para mirar, pero también estaba cegada. No se veía nada y tampoco se oía nada detrás de la puerta.

Probó con el toque francés, con el toque inglés y con el toque italiano. Tocq tocq! Knock knock! Toc toc! En cada ocasión sucedió lo mismo. Bastaba que sujetara la aldaba para que, tras un golpe, se deshiciera entre sus manos. Todas las cerraduras que quedaron al aire estaban ciegas. A través de ellas no se veía nada. Tampoco se oía nada.

A medida que Nix avanzaba de aldaba en aldaba, crecía el silencio a su espalda. Delante de ella aguardaban otros llamadores, atrayentes como promesas.

Debía encontrar la llave para abrir la puerta de la Habitación Cerrada.

Cuando llegó a la aldaba china, levantó el llamador y, en ese instante, sintió un golpe de plumas y aire en la cara. Asustada, lo soltó. Ko ko!, sonó en la habitación, pero Nix no lo escuchó. Una golondrina había surgido del centro de la aldaba y hacía tirabuzones sobre su cabeza. Lanzó un agudo chillido como si la llamara, tsuit tsuit tsuit, y desapareció en el fondo sin fondo del Armario. Nix la reconoció. Era la misma que había escapado del Armario de las Lenguas con una hebra en el pico durante la fiesta de las golondrinas. Con esa hebra había hecho su nido. Su nido era un ovillo. El ovillo era la aldaba china.

El corazón de la niña latía a toda velocidad. ¿Cómo no se le había ocurrido antes? La llave para abrir la puerta de su pasado no era de metal ni de hierro: era el toque chino.

Ko ko!

Era una llave sonora.

Cuando la madre de la barriga llegó a la entrada del orfanato, llamó tímidamente: Ko ko. La cestita temblaba entre sus brazos. Aunque llevaba la cabeza gacha, miraba a ambos lados como un animal asustado. Llamó con más fuerza: Ko ko! No se atrevió a permanecer más tiempo al descubierto: dejó la cestita en el suelo con delicadeza, musitó unas palabras y se alejó corriendo, sin ver nada, un tumulto de sangre en los oídos, el corazón disparándole en el centro del pecho. ¡Pum pum! La madre de la barriga se desplomó detrás de unos arbustos. A tiempo para ver cómo se abría la puerta del orfanato.

Para que la puerta se abriera de nuevo, Nix debía repetir la llamada, reproducir el sonido. La aldaba china era el instrumento secreto. La sujetó con mucha delicadeza. Era redonda como un ovillo, estaba caliente y vibraba ligeramente, aunque Nix pensó que era ella quien temblaba de excitación. Golpeó la puerta de la Habitación Cerrada. Ko ko! Nada sucedió. Aunque eso no es del todo cierto, pues sucedió que nada sucedió: la aldaba no se deshizo, como sí había ocurrido en las ocasiones anteriores.

Las manos de Nix estaban húmedas de la emoción. No sabía qué le aguardaba tras la puerta. No sabía si la Habitación Cerrada contendría felicidad o dolor. Quizá en ella estuvieran las respuestas a sus preguntas: por fin sabría quién era la madre de la barriga, cómo era, por qué la abandonó, si había regresado a verla cuando ella ya no estaba... O quizá la puerta ocultase la guarida de las sombras, que oscurecían los días de la niña con su luz tenebrosa. Aun así, ella deseaba que se abriera. ¿Acaso las sombras no eran los intentos desesperados que realizaba el pasado para darse a conocer? Tal vez el sufrimiento que las alimentaba desaparecería cuando Nix reencontrara la vida de donde había sido arrancada.

Llamó de nuevo. Ko ko! Cada vez más fuerte. Ko ko!! Su corazón latía con la misma fuerza. ¡Pom pom! ¡¡Pom pom!! Latían el corazón y el pecho y las sienes y el pulso y la mano que sujetaba la aldaba con que llamaba una y otra vez. ¡Pom pom! Ko ko! ¡¡Pom pom!! Ko ko!! Los latidos se confundían con los golpes en la puerta. ¡Pom pom! Ko ko! ¡¡Pom pom!! Ko ko!!

Golpes palpitantes como latidos.

¡Ko pom! ¡Pom ko!

Latidos fuertes como golpes.

¡¡Pom ko!! ¡¡Ko pom!!

Nix ya no sabía si era la puerta la que latía o si lo que ella estaba golpeando era su corazón.

¡Ko pom! ¡Pom ko! ¡Ko pom! ¡Pom ko! ¡Ko pom! ¡Pom ko!

Nix era quien golpeaba, sí.

Nix también era la puerta.

Un sonido nuevo entró en escena. Un ruido blando y melancólico como de lluvia sobre piedra. La niña se aproximó a la puerta para averiguar si aquel murmullo que sobrevolaba el estruendo provenía del otro lado, si eran las sombras las que lloraban con los labios pegados a la cerradura. Escuchó con atención, pero se sentía tan confusa y agitada que no consiguió discernir si el llanto procedía de la Habitación Cerrada o si era ella, en realidad, quien lloraba y se lamentaba mientras forcejeaba desesperadamente por abrir la puerta.

No sabía si ella estaba dentro o fuera.

Las aldabas que se perdían en el fondo sin fondo del Armario empezaron a llamar de forma caótica y violenta, siguiendo el ritmo caótico y violento que ella marcaba. El estrépito era terrible. Más que llamar, aporreaban. La niña se tapó los oídos y chistó con todas sus fuerzas, ¡¡¡¡Chssss!!!! Pero las aldabas no se detuvieron. Asestaban golpes secos como morteros. Dolorosos como puñetazos. Nix cerró el Armario de las Lenguas para acallarlas, pero no sirvió de nada. Durante toda la noche golpearon las aldabas en el cuarto de Nix. Llamaban con tanta fuerza que parecía que fuesen a echar abajo las puertas del Armario, del dormitorio y hasta del edificio entero.

Pero en la casa nadie oyó nada porque todos dormían.

VIII

EL PAÍS DE LOS NIÑOS SIN PADRES
Y
EL PAÍS DE LOS PADRES SIN NIÑOS

Nadie sabía nada. Nadie sabía cómo se llamaba la madre de la barriga, quién era, dónde vivía. Nadie sabía explicar a Nix por qué la palabra «madre» se bifurcaba en una barriga sin rostro y en un rostro sin barriga. Nadie sabía por qué ella no había nacido de la barriga de su madre. Cada día que empezaba, la niña despertaba con la esperanza de conocer lo que desconocía. Esperaba y esperaba, pero nada ocurría. Cada día era igual al anterior y todos terminaban igual que habían comenzado: con las mismas preguntas y sin ninguna respuesta.

¿Por qué eran sus padres la Cigüeña y el Pelícano, y no otros? ¿Por qué la habían elegido a ella como hija? ¿Por qué, entre todas las niñas, habían escogido a Nox para que fuese su hermana? ¿Por qué te abandonan las personas que te quieren? ¿Por qué la habían abandonado a ella?

¿Por qué? ¿Por qué? ¿Por qué?

Tantos secretos ¿no convertían a Nix en un secreto? No recordaba nada de su origen ni del año que pasó en el orfanato, y la corriente silenciosa del olvido la arrastraba también a ella, pues el bebé que ella fue en China había desaparecido en sus aguas negras.

Nix se abrazaba a la almohada y, con la cara enterrada en la tela, buscaba a la cría que había sido antes de que la Cigüeña y el Pelícano volaran a China para recogerla. ¿Cómo era entonces? ¿Qué sentía? Sus pequeños brazos estrechaban la almohada con obstinación y permanecía así largo rato, esperando, sin importarle el sofoco caliente y húmedo de la nariz aplastada contra la tela. Si ella era la pregunta, ella debía ser la respuesta. Pero en el silencio sólo percibía el zumbido de la inquietud que nunca cesaba, el oculto temblor de su cuerpo.

El invierno ya había comenzado y las escasas aves que quedaban rezagadas volaban muy alto y muy rápido, huyendo del frío. Nix también tenía frío. A veces tenía tanto frío que enmudecía. La voz de Carla Bruni llenaba la habitación y se filtraba dentro de la niña, que, absorta, con la mirada perdida, se balanceaba en el borde de la cama. Sin que se diera cuenta, igual que el agua rebosa de la tierra empapada, la música escapaba de su boca entreabierta. Cantaba tan bajito que sólo parecía mover los labios, pero su voz herida se había unido a la voz velada y susurrante de la Bruni para conjurar las sombras.

No siempre la música de Bruni conseguía detener el desasosiego de la niña. Nada hay más terrible que ser abandonado, que nos dejen completamente indefensos. Sin cuidado. Sin amor. Desamparados. Nix lo sabía, aunque no fuese capaz de explicárselo a sus padres ni tampoco a sí misma. Todo estaba contenido en aquel sentimiento desesperado de soledad que la aislaba de los demás. Las palabras no pueden eliminar el dolor, pero son las riendas que permiten domarlo. Nix aún no sabía nombrar ese desgarro salvaje y sus emociones la agitaban sin descanso. Era presa de una permanente urgencia de algo imposible. Pues lo que ella deseaba no era conocer a la madre de la barriga. No, no era eso. Lo que ella deseaba con todas sus fuerzas era haber nacido de la barriga de su madre. Que el vientre plano de la Cigüeña hubiese sido su huevo. Su cueva. Su barriga. Ella deseaba ser feliz. Con toda la razón, exigía lo imposible.

¿Por qué la habían abandonado?

¿Por qué a ella?

¿Por qué?

Nadie lo sabía.

Cada porqué sin resolver arrastraba nuevos interrogantes, aumentaba la carga de lo no sabido, alimentaba su tormento.

La niña sufría, pero no podía dejar de preguntar porque precisaba respuestas.

Para poder seguir preguntando, necesitaba distanciarse del dolor. Conseguir que las sombras no la atormentaran más, que la dejaran dormir tranquila.

Cuando la Cigüeña entró en el dormitorio para darle el beso de buenas noches, Nix estaba sentada en la cama, aguardándola.

—Mamá, ya sé de dónde vengo.

—De China.

—No, yo vengo del País de los Niños.

—Ah, ¿sí? ¿Dónde está ese país?

—No te lo digo —la niña sonreía.

—Anda, dímelo. ¿Está lejos?

—Muy lejos, lejísimos. Pero es el mejor país del mundo.

—¡Qué suerte! ¿Por qué no me llevas?

—No, tú no puedes. Sólo es para niños.

—¿Ni siquiera puede ir Carla Bruni?

La niña dudó un rato.

—No, tampoco.

—Ah, es el País de los Niños Sin Padres —la madre subrayó las dos últimas palabras.

—Sí, eso. Allí jugaba todo el rato y comía pizzas y hamburguesas y donuts y perritos calientes y helados y chuches y nadie me regañaba y me acostaba cuando quería y no iba al cole y me quedaba en casa viendo dibujos en la tele y tenía un perro...

Nix sonreía mientras hablaba. La Lengua Verde siempre la hacía sentirse bien. Recurría a ella como si se adentrara en un espacio vegetal y protegido. Escuchaba su rumor, un sonido crujiente de semillas, el alivio que crecía frondoso a su alrededor para protegerla de las sombras. Le gustaba la Lengua Verde y le gustaba que su madre la escuchara, porque en su compañía espantaba mejor los temores.

—Y tú no puedes ir porque eres una madre —concluyó la niña.

—Mmmm. Yo conozco el País de los Padres Sin Niños, pero ése no es nada divertido —dijo la madre.

En el breve espacio circular que formaban la madre y la hija se elevaba como una hoguera el relato. Sus llamas verdes diluían las tinieblas, igual que la luz de una diminuta luciérnaga deshace el pavor de la noche.

—¿Cómo es ese país?

—Muy triste. Sus habitantes trabajan mucho porque nadie los espera para ir al parque o a un cumpleaños o al circo o al teatro o al cine. Cuando regresan a casa, las habitaciones están en silencio y a oscuras. Como no tienen hijos no pueden jugar al escondite ni contar cuentos ni disfrazarse ni hacer cosquillas ni cantar ni bailar. En realidad, podrían jugar entre ellos, pero les da mucha vergüenza porque son mayores. Así que encienden el ordenador, trabajan un ratito más y luego cenan en silencio porque no tienen nada nuevo que contarse.

—¿Tú conoces ese país?

—Papá y yo vivimos allí antes de que llegarais Nox y tú. Era un país horrible. Imagínate, en los cumpleaños comprábamos dos pastelitos en lugar de una gran tarta y ni siquiera podíamos soplar las velas porque los pasteles eran tan pequeños que las velas no cabían encima. Y como éramos sólo dos, sólo recibíamos un regalo.

—¿Sólo uno?

—Papá, el mío y yo, el suyo.

—¿No ibais al Parque de Atracciones?

—Nunca, ni al Zoo ni al Safari-park ni a Aquópolis ni al Aquárium ni a Port Aventura...

—¡Qué rollo, mamá!

—Un rollazo. A papá y a mí no nos gustaba nada ese país.

—¿Por qué no os fuisteis?

—Porque ningún país nos admitía. En el País de los Solteros no nos querían porque estábamos casados. En el País de los Abuelos no nos dejaban permanecer mucho tiempo porque no teníamos nietos. Y en el País de los Padres con Niños evitaban invitarnos porque, como no teníamos hijos, no sabían de qué hablar con nosotros.

—¿Y qué hicisteis?

—Papá y yo estábamos muy tristes. Éramos los más tristes de todos los papás y las mamás que no tienen hijos. Entonces nos hablaron del País de los Niños sin Padres, donde tú vivías. No lo dudamos un segundo, dejamos todo y fuimos volando a buscarte. Fue un viaje muy largo. ¿Sabes cuánto tardamos en llegar desde el País de los Padres sin Niños al País de los Niños sin Padres?

—¿Cuánto?

—El mismo tiempo que necesita un niño para nacer.

—¿Cuánto es eso?

—Una eternidad.

—¿Eso es mucho?

La madre se rió.

—Muchísimo. El tiempo pasaba tan lento que, algunas veces, papá y yo pensamos que nunca llegaríamos: cada minuto duraba una hora y cada hora, un siglo. Durante el viaje nos cruzamos en el aire con otros padres que venían del País de los Niños sin Padres y que ahora regresaban a casa con sus nuevos hijos. Pero ni ellos nos vieron a nosotros ni nosotros los vimos a ellos.

—¿Por qué?

—Nosotros no los vimos porque sólo pensábamos en ti y ellos no nos vieron porque sólo tenían ojos para sus niños. Lo único que consiguió distraernos a papá y a mí fue la tormenta que estalló durante el vuelo. El cielo estaba cubierto de manchas que los rayos encendían y apagaban. Parecía una ecografía gigantesca.

—¿Qué es eso?

—Es una fotografía que le hacen al bebé cuando está en la barriga de su madre. La primera vez que la ves sólo distingues manchas claras y manchas oscuras, igual que pasaba en el cielo. Pero, al fijarte mejor, ves la cabecita y el cuerpo del niño.

—¿Tú me viste en la foto del cielo?

—Sí, y me puse aún más nerviosa. Me parecía que aquel viaje nunca iba a terminar, pero llegamos y, al verte, sentí una alegría tan inmensa que me olvidé de los nervios y de todo lo que habíamos sufrido para encontrarte. Era muy feliz y, de repente, me di cuenta de que también estaba agotada. Eso les sucede siempre a las madres cuando nacen sus bebés.

—Yo no estaba alegre cuando os vi. Yo lloraba, ¿te acuerdas?

—Claro que me acuerdo. Todos los bebés lloran cuando se encuentran con sus padres por primera vez.

—Pero yo lloraba porque no quería irme del País de los Niños sin Padres. Allí me lo pasaba muy bien.

—Yo lloré al verte llorar. Y papá lloró al vernos llorar a las dos.

—Sí, me disteis tanta pena que os adopté, y ya dejé de llorar.

—Nosotros también dejamos de llorar. Cuando nos adoptaste nos convertimos en el papá y la mamá más felices del mundo. Nos hiciste un regalo enorme; tú, que eras tan pequeñita, nos diste una vida nueva para estar contigo. Y nosotros, que éramos mayores, te regalamos lo único que teníamos: la vida que ya habíamos vivido. Tú nos regalaste tu futuro y nosotros te regalamos nuestro pasado.

—¿Me gustó ese regalo? —La niña no entendía muy bien qué decía la madre, pero sabía que era importante.

—Creo que sí. A nosotros nos gustó mucho el tuyo. Si no nos hubieses adoptado, ahora seríamos el papá y la mamá más infelices del mundo y seguiríamos viviendo en el horrible País de los Padres sin Niños.

—Pero os adopté.

—Sí, y nos hiciste muy muy muy felices.

Nix sonrió con orgullo.

—Mamá, no te he contado lo que le hice a Alberto.

—¿Alberto?

—Sí —exclamó Nix—. Ese idiota que dice que no podemos volar en la misma flecha.

—Ah, ese Alberto. ¡No le habrás pegado!

—Mejor que eso.

Y Nix le contó la broma del moco de ganso.

—...Y entonces se puso a gritar y todos se rieron de él.

—Vaya con Alberto. Cayó en tu trampa igual que un pájaro bobo.

—Es un pájaro bobo —se rió la niña—. Y en su familia todos son bobos porque son iguales, y van por ahí gritando con las caras llenas de mocos.

—Bueno, pajarita, ya es hora de dormir.

—Espera, mamá, en el País de los Niños sin Padres ¿viste algún dragón?

—No, pero durante el tiempo que estuvimos allí me pareció ver sobre los muros de las casas la sombra de una enorme cola ondulante y erizada de púas. Es raro, ¿verdad?

—No, no es raro —contestó Nix—. Yo veo, por las noches, un armario lleno de pájaros y de corazones y... Y de muchas cosas.

—Ah —su madre encogió los hombros divertida y le llenó la cara de besos, feliz al ver feliz a su hija.

Cuando se marchó, entró el sueño en la habitación y con sus dedos pesados cerró los ojos de Nix. El cuerpo de la niña se iba hundiendo blanda y placenteramente en la cama cuando un extraño sonido la desveló. Era un eco resonante, como de ventosa, y como si de una ventosa se tratara la sacó de las profundidades del colchón. Antes de abrir los párpados, Nix ya sabía de dónde venía. Corrió al Armario de las Lenguas, se detuvo ante él, sus pies descalzos entre las dos enormes patas de dragón y, al abrir las puertas, esto es lo que vio:

?	?	?	?	?
ESPAÑOL	ALEMÁN	CHINO	FRANCÉS	PORTUGUÉS
¡Muá!	**Schmatz!**	**Po!**	**Smack!**	**Chuac!**

Del gancho de cada percha colgaba una boca: todas lanzaban besos al aire y se besuqueaban unas a otras. Muá, besaba la española. Schmatz, besaba la alemana. Po, besaba la china. Smack, besaba la francesa, y Chuac, la portuguesa. Smooch, besaba la inglesa. Cuando vieron a Nix, se giraron hacia ella. «Dame un beso», dijeron mimosas y se colocaron con coquetería en fila para que las besara la niña. Del fondo sin fondo del Armario llegó el eco de las voces de las demás bocas: «un beso», «beso», «eso», «eso», «eso». Los ruegos eran tantos y tan cariñosos que las perchas, enternecidas, empezaron a besarse entre ellas con gran efusividad, como si llevaran largo tiempo sin verse. Pero el rito variaba de una a otra: la española daba un beso; la inglesa, dos; la francesa, cuatro; la marroquí, doce... Nix perdió pronto la cuenta.

Los besos de bienvenida se confundieron con otros: besos largos y besos cortos, besos fríos y besos cálidos, besos duros y besos blandos, besos secos y besos mojados, besos formales y besos juguetones, besos amorosos y besos maternales, besos explosivos y besos silenciosos... En primera fila estaban las bocas mimosas, aquellas que adoraban que las cubrieran de besos. En la oscuridad del Armario se agazapaban las hurañas. No les gustaba que las besaran y guardaban sus propios besos con tanto ahínco que había que arrancárselos con sacacorchos. Entre unas y otras había bocas golosas que se comían a besos; bocas deportivas que lanzaban y recibían los besos como si fuesen pelotas; dulces bocas que se deshacían en besos; bocas carnívoras que daban pequeños mordiscos; bocas vegetarianas que plantaban con cuidado sus besos...

A Nix no le gustaba mucho que la besaran y tampoco le gustaba besar. Era ella quien decidía siempre a quién besaba, cuándo y cuánto. Pero los besos del Armario de las Lenguas eran diferentes: eran ligeros, sorprendentes y además le hacían cosquillas. La niña iba de percha en percha dejándose besar, aunque de vez en cuando las perchas, impacientes, se arremolinaban en torno a ella y le lanzaban todos los besos que podían, incluidos los más impetuosos y arrebatados. «¡Parad, parad!», decía la cría riendo, mientras se los despegaba de la piel como si fuesen ventosas. Entonces las perchas volvían a su puesto y aguardaban su turno ensayando. Había que verlas, juntando y separando los labios con una pequeña y ruidosa aspiración.

De beso en beso, Nix llegó a la percha china.

Po, sonó en el cuarto.

Los labios de la niña recordaron otro tiempo y respondieron con el mismo sonido: Po.

Nix intentó revivir lo que sus labios habían reconocido y tendió la cara, el cuello, los brazos, los dedos de las manos, el estómago, las suaves plantas de los pies... Po, po, po, po, po, po. El sonido era tan dulce, pero el olvido que lo acompañaba era agrio. La niña se tumbó, se llevó el pulgar a la boca y cerró los ojos mientras el aire se llenaba de besos agridulces. Po, po, po, po, po, po. La nostalgia ovilló a Nix en el suelo.

No estuvo así mucho tiempo, porque las demás perchas la agarraron de los pies y la arrastraron enérgicamente lejos de la percha china. «¡Dame un beso!» «¡Dame un beso!», le pedían zalameras. «¡Un beso!» «¡Un beso!», le ofrecían amorosas. Nix se dejó besar, pero ya no era lo mismo. «¡Parad ya! ¡Por favor!», les rogó, pero no le hicieron caso. Atrapó todos los besos con un cazamariposas y los encerró en el Armario, pero tampoco sirvió de nada. Al contrario, el tierno sonido que escapaba ahora del mueble había atraído hacia su dormitorio muchos otros besos.

La agencia de viajes que había en la esquina de la calle envió un beso esquimal; del zoo de la ciudad llegó un beso de mariposa; el ayuntamiento mandó los besos destinados a los niños y las ancianas que habían sobrado en la última campaña electoral; la iglesia envió el casto beso de los santos; la telenovela, un beso apasionado; la escuela de vuelo, un beso volado; el ambulatorio, el urgente beso de la vida que aparece en el manual de primeros auxilios; la tienda de caza, un beso furtivo; la ferretería, un beso de tornillo y un beso de tuerca; la estación de los bomberos, un beso fogoso; la cárcel, un beso robado; la pastelería, un bien-me-sabe; la embajada, un besapiés y de palacio mandaron un besamanos. A última hora llegó el beso de Judas, pero nadie se acercó a él porque daba muy mala espina.

Durante toda la noche no cesaron los besos en el dormitorio de Nix: muá, schmatz, po, smack, smooch, chuik, chuu, po, smack, smooch, muá, schmatz, chuik, chuu, po... La niña se metió bajo la sábana para que no la tocaran. Oculta en la blanca oscuridad, oía cómo intentaban colarse en la cama. Revoloteaban sobre ella e inflamados por su propio amor restallaban como la pólvora en la noche de San Juan.

Pero en la casa nadie oyó nada porque todos dormían.

Anexo del VIII

Éste es el mapa que dibujó Nix con la ruta que lleva del País de los Padres sin Niños al País de los Niños sin Padres.

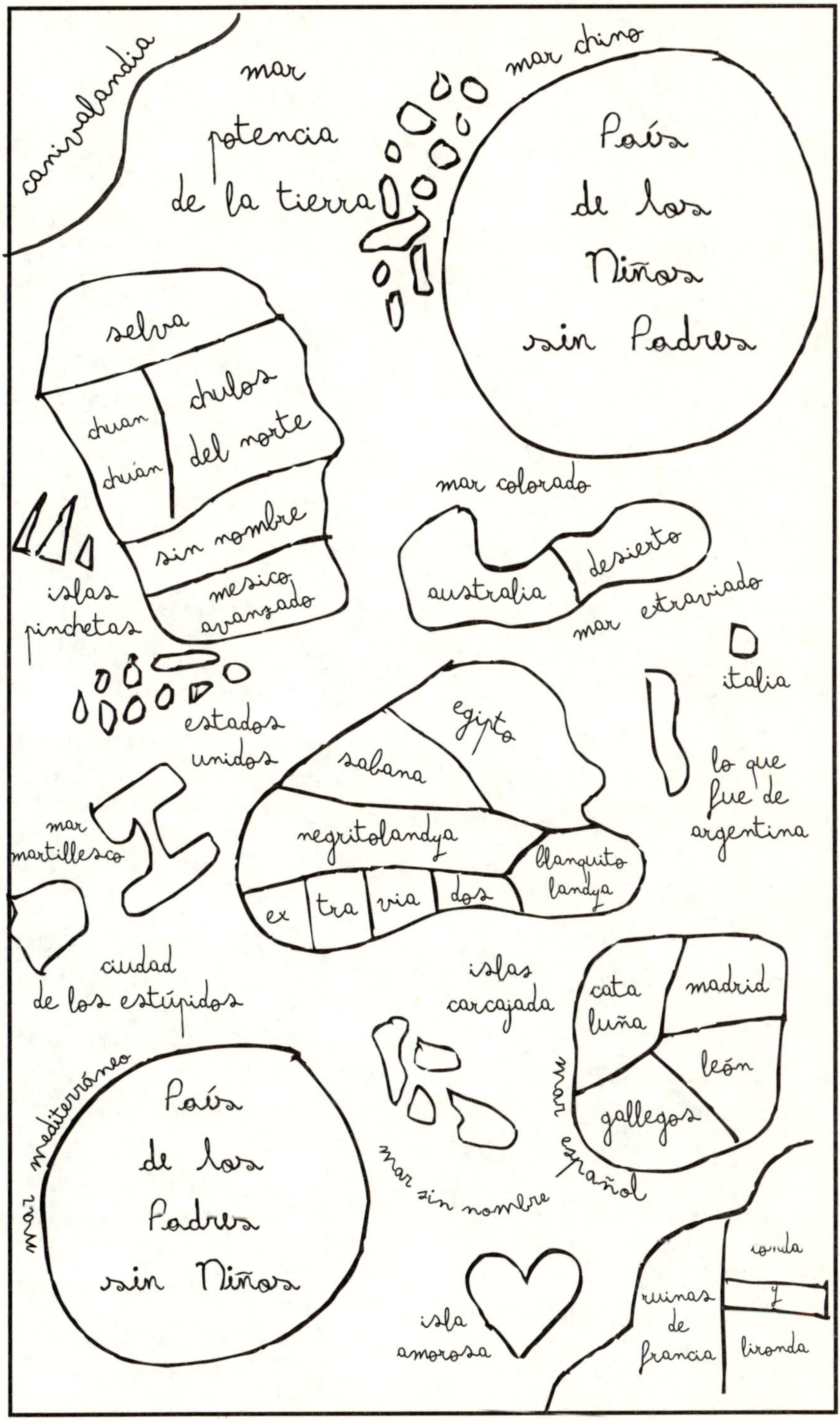

canivalandia
mar
potencia
de la tierra
mar chino
País
de los
Niños
sin Padres
selva
chuan
chuán
chulos
del norte
sin nombre
mesico
avanzado
islas
pinchetas
mar colorado
australia
desierto
mar extraviado
italia
estados
unidos
egipto
sabana
negritolandya
blanquito
landya
ex
tra
via
dos
lo que
fue de
argentina
mar
martillesco
ciudad
de los estúpidos
islas
carcajada
cata
luña
madrid
león
gallegos
mar
español
mar mediterráneo
País
de los
Padres
sin Niños
mar sin nombre
isla
amorosa
ruinas
de
francia
ronda
y
lironda

IX

EL DOLOR DE BARRIGA

El hermano de Kim nació en invierno. La barriga de su madre desapareció, pero con ella no desaparecieron las sombras que agitaban a Nix cada vez con mayor frecuencia. La niña era como una planta que ha sido cambiada de una tierra a otra y extiende sus frágiles raíces para aferrarse al nuevo suelo. Eso significa ser adoptada: que te trasplanten a una familia a la que debes adaptarte para ser feliz. El proceso puede parecer fácil, pero supone más y mayores problemas de los que nadie imagina. Nix era vital y obstinada, pero también extraordinariamente sensible y vulnerable. El tiempo, lejos de calmarla, parecía aligerar los momentos felices y acrecentar el peso del desasosiego.

El hermano de Kim estaba en brazos de su madre la primera vez que Nix lo vio. La mujer se desabotonó la camisa, desprendió la tela del sujetador que ocultaba su pecho izquierdo y acomodó con cuidado la cara del recién nacido, que se hundió en aquella carne abombada como un guisante en el puré. Mamaba ruidosamente y cuando se hartó se durmió con una sonrisa. Un hilo de leche le resbalaba por la barbilla. La niña abrió tanto la boca que en su cara se dibujaron tres ojos mayúsculos en lugar de dos:

O j O

O

Tardó un segundo en girar y escapar corriendo hacia la ventana, incapaz de contemplar a la madre y al bebé, enlazados como si aún fueran uno. El cielo plomizo cubría la calle como un toldo. Hacía mucho frío y las escasas hojas que aún quedaban en los árboles estaban secas. Nix pegó el rostro al cristal intentando olvidar lo que sucedía a su espalda. Entonces ocurrió algo tan asombroso que cerró los párpados, incapaz de creer lo que veía. Una bandada de pájaros pasó ante ella. Por alguna razón, se habían quedado rezagados y ahora volaban muy rápidos en busca de calor. Pero lo que sorprendió a la niña no fue encontrarlos, sino que no formaran una flecha ni una uve ni siquiera una barriga. ¡Dibujaban una teta! Nix parpadeó, incrédula. Una gigantesca teta voladora surcaba el cielo en busca de bebés hambrientos:

–

–

–

–

–

–

–

–

–

–·

—¿Tú me diste de mamar? —preguntó Nix a su madre aquella noche.

—No.

—¿Por qué?

—Porque sólo las madres que han llevado a su hijo en la barriga tienen leche en el pecho. El mío estaba seco.

—Pero yo quiero beber leche de tu teta —la niña separó la camisa de su madre y asomó la cabeza—. De ahí.

—Yo no tengo leche.

—Sólo quiero un poquito.

—No tengo nada.

—¿Nada?

—Nada de nada.

—¿Nunca has tenido?

—Nunca.

Sin decir palabra, Nix se introdujo veloz bajo la camisa de la madre, separó el sujetador y frotó la cara contra el pecho, como había visto hacer al bebé.

—Nix, para.

La madre intentó separarla, pero la niña se apretó con fuerza contra ella y la mujer, confundida por sus propios sentimientos, la dejó. Lo que la niña deseaba era también su deseo. Cerró los ojos al mismo tiempo que su hija cerraba los suyos. La teta era redonda, suave, mullida, cálida y olía muy bien. Nix buscó el botoncito del pezón y succionó golosamente al principio, como si fuese un chupete, luego tercamente. La madre sintió un calor de fiebre en el cuerpo y un ardor tan doloroso en la areola y el pezón que alejó con firmeza a la niña y se ajustó el sujetador.

—Para, no hay leche dentro.

—¿Ni una gota?

—Nada.

—¿Entonces yo qué comía cuando era pequeña?

—Biberón, igual que muchos bebés. Hay madres que tienen muy poquita leche y dan biberón a sus hijos para que no se queden con hambre.

—¿Biberón? —Nix frunció el ceño.

—Sí, biberón, y te gustaba tanto que cuando llegó Nox tuve que comprar dos, uno para ella y otro para ti. Las dos tomabais vuestro bibe por la noche al mismo tiempo.

—Pero la leche de la teta tiene que estar más rica.

—No lo sé. Yo no recuerdo cómo sabía la leche de tu abuela. Ni siquiera me acuerdo de su cara ni de su voz ni de su olor. Tampoco recuerdo al abuelo ni a tus tíos ni la casa donde vivíamos. No me acuerdo de nada.

—¡¿No?! —exclamó Nix, asombrada.

La voz de Nox interrumpió la conversación.

—¡Mamá! ¡Mamá, ven! ¡Ven!

La madre se incorporó.

—Ahora vuelvo, voy a ver qué quiere tu hermana.

Cuando salió, Nix se levantó de la cama, metió una muñeca debajo de su pijama y se acercó al espejo que tenía en la habitación. En la penumbra, distinguía con claridad cómo su cuerpo se abombaba en la cintura. La niña buscó en su reflejo a la mujer que no conocía. Si los hijos se parecen a sus padres, así debía de ser la madre china cuando ella estaba en su barriga. No sabía cómo era, pero la llevaba en su piel, en sus ojos, en su boca, en su pelo. Se miró detenidamente en el espejo intentando ver en su cara otra cara posible.

Extendió una mano hacia la figura del espejo y ella también la extendió; le tendió los brazos y ella se los tendió; hizo gesto de acariciarle la cara y ella le respondió con un gesto idéntico; le sonrió y ella le devolvió la sonrisa. Entonces le habló muy bajito y ella contestó con palabras que no llegaron a sus oídos. Nix aproximó la boca a la boca del espejo y, al besarla, sintió el frío del cristal en sus labios y ese frío entró en su cuerpo como si fuese un veneno.

Sacó la muñeca de debajo del pijama y la colocó bruscamente sobre su pecho.

—¡Come! ¡Come, he dicho! ¿No puedes? Claro, no hay nada. Pues tendrás que tomar biberón. Y ¿sabes quién tiene la culpa? El pájaro cuco. ¡Él tiene la culpa de todo!

Tiró la muñeca y empezó a vociferar.

—¡Estoy harta! ¡ME VOY!

La madre entró en la habitación seguida por Nox.

—¿Qué sucede?

—¡Me voy! ¡Estoy harta de que tú seas una Cigüeña! ¡Estoy harta de que papá sea un Pelícano! ¡Estoy harta de que Nox sea... —miró a Nox, y lo que vio en los ojos tiernos de su hermana la hizo vacilar—... un caballito! ¡Y no me gusta el pájaro cuco! ¡Me voy a China!

Nox empezó a hacer pucheros, mientras apretaba con fuerza el caballo blanco que llevaba en la mano.

—No quiero que se vaya —dijo a su madre.

—No llores, cariño, Nix no se va a ningún sitio. Anda, ahora ve a la cama, tu caballito tiene cara de estar muy cansado.

—¿De verdad que no se va a ir?

—¡Sí me voy a ir! —dijo furiosa Nix.

—Claro que no se va a ir. Buenas noches, pequeñita.

Nox tumbó su caballito en la palma de la mano para que durmiera y cantando bajito para no despertarle se fue a su dormitorio. La madre alzó a Nix y la metió en la cama.

—¡Sí me voy a ir!

La madre retiró el flequillo de los ojos desafiantes de su hija, pero la niña le dio la espalda y se tapó con la sábana para que no la viera.

—¡Déjame! ¡Vete!

La mujer suspiró impotente. La angustia de su hija era más fuerte que sus intentos para calmarla.

—Buenas noches, pajarita.

—¡No soy una pajarita! ¡Y no voy a tener hijos nunca!

La madre salió, pero se detuvo al otro lado de la puerta. Hasta ella llegaba la vocecita de Nox, que aún estaba cantando. Sabía que la angustia de Nix pasaría en el futuro a su hermana. Era tan intenso el dolor de la niña que la madre temió que anegara todo: su vida, la vida de su hermana, la vida de sus padres. La voz alegre de Nox flotaba en su desesperación como un hilo de plata. Deseó que la felicidad de Nox resistiera el sufrimiento de Nix, que la felicidad de Nox fuese tan sólida que creara un puente sobre el que Nix pudiera caminar. Y pensaba esto apoyada en la pared del pasillo, con los ojos abiertos, pero sin ver nada.

Bajo la sábana, Nix daba vueltas con el dedo metido en el ombligo. Aquél era un punto final en el caso del hermano de Kim, pero para ella su ombligo era el punto de una interrogación. Nadie sabía contestar a sus preguntas. Nadie sabía nada. Y la niña estaba cansada. Muy cansada. Si pudiera aceptar que hay preguntas sin respuesta. Si pudiera aceptar que no es posible comprender todo. Si pudiera aceptar las cosas como son. Pero no podía.

Se despertó sudando y temblando al mismo tiempo. Del Armario de las Lenguas escapaba un tropel de gemidos y lamentos. Nix miró alrededor con la esperanza de sorprender la cola protectora y ondulante de su dragón reflejada en la pared, pero no encontró nada. El aire de la habitación era de un violeta crepuscular. Asustada, avanzó arrastrando los pies para abrir las puertas, que cedieron quejumbrosas.

Así se veía el Armario:

?	?	?	?	?
ESPAÑOL	ALEMÁN	CHINO	FRANCÉS	INGLÉS
¡ay!	**au!**	**ay!**	**aïe!**	**ow!**

Las perchas estaban ocultas por gruesos paños negros que oscilaban con cada lamento como si los empujara un viento fantasmal. Tan pronto Nix abrió las puertas, los ayes escaparon del luto que los cubría e invadieron el dormitorio con su lúgubre eco. Se colaban dentro del pijama de la niña, que tiritaba como si brazos de hielo la enlazaran; se arrastraban por debajo de su cama, atravesaban espectrales sus juguetes, entraban y salían de los cuentos que le leía su madre. «¡No hay pena más grande que la mía!», se dolía uno. «¡Estoy tan solo!», se afligía trémulo otro. «¡Me duele!», se retorcía el de aquí. «Siento en el alma una punzada», suspiraba el de allá. «Estoy perdido», gemía éste. «No me quiere», ululaba aquél. Del fondo sin fondo del Armario escapaba un plañir de penas encadenadas. Nix intentó atrapar los lamentos para encerrarlos de nuevo en el Armario. ¡Demasiado tarde! Los ayes se sucedían en un sollozante rosario: ¡Ay! Au! Aïe! Ow! Ai! ¡Ay! Au! Aïe! Ow! Ai! Au! Aïe! Ow! ¡Ay! Au! Aïe! Ow! Ai!...

—¿Qué te pasa, Nix?

La madre abrazó a la niña que, entre sueños, gemía y daba vueltas.

—Tranquila, hija, estoy aquí, contigo. ¿Es una pesadilla?

—No sé —balbuceó la niña, con los ojos aún cerrados.

—¿Tienes fiebre?

Nix abrió los ojos mientras su madre le tocaba con cuidado la frente, la garganta, la nuca, el pecho, las piernas...

—¿Te has caído en el cole?

—No.

—¿Te duele la garganta?

—No.

—¿Te duele la cabeza?

—No.

—¿Te duele la barriga?

—Sí, no, no sé.

—¿Sí o no, Nix?

—Sí, sí, me duele mucho.

Las manos de la madre empezaron a darle un masaje en el vientre. Presionaban en círculos y delicadamente. Eran frescas y suaves y Nix las sujetó igual que un náufrago se aferra a un tablón.

—Todos los niños tienen dos barrigas, menos yo.

—¿Cómo es eso? —La madre sintió la inquietud febril de la niña.

—Tienen su barriga y la barriga de sus mamás. Pero yo sólo tengo una.

Nix ya no supo seguir. Le hubiera gustado contarle a su madre que la barriga que le dolía no era la que tenía, sino la que no tenía.

Decirle que antes de que existiesen los padres y los hermanos y los dragones y los pájaros y la Lengua Verde, estaba la barriga.

Decirle que la barriga es un muro cálido y suave donde apoyarse cuando te sientes solo, cuando estás cansado, cuando te caes y te haces daño.

Decirle que cuando ella alargaba la mano sólo encontraba vacío.

Pero eso es muy difícil de explicar.

Ni siquiera en el Armario de las Lenguas encontraba palabras para contarlo.

La niña, tan brusca en sus afectos, abrazó desesperadamente a su madre.

—No quiero que me dejes.

—No te voy a dejar.

—La mamá de la barriga me quería mucho y me dejó.

—Yo no te dejaré nunca. ¿Quieres que me acueste contigo?

—¡Sí! —pidió Nix.

La mujer se metió en la cama con su hija.

—¿Tienes miedo?

—Sí.

—Todos tenemos miedo a la oscuridad. Hasta los animales tienen miedo. Pero hay uno muy pequeñito y muy listo que ha inventado un truco para no asustarse por la noche. A ver si adivinas qué animal es:

Soy chiquita, soy miedosa
y tengo miedo del bú,
así apenas anochece
yo ya me enciendo mi lú,
veamos si quién soy yo
te animas a decir tú.

La madre se detuvo y miró a su hija.

—¿Quién es?

Nix se encogió de hombros.

—La luciérnaga —dijo la mujer.

—¡Ah!

Así, bajo las sábanas, la madre fue calmando a la cría, que cerró los ojos y se dejó llevar por el arrullo de su voz. Pero en cuanto callaba y hacía gesto de levantarse, Nix abría los ojos sobresaltada y empezaba a gemir.

—No quiero que me dejes.

Y la madre, conmovida, se tumbaba de nuevo a su lado. Cuando se le acabaron las historias enseñó a la niña a contar ovejas para llamar al sueño. Nix perdió la cuenta en la oveja 102. Descubrió que estaba sola cuando un ruido la despabiló. Parecía como si un invisible rebaño de ovejas anduviera triscando y balando por el cuarto. Era un sonido tan rítmico y tranquilizador que la cría, lejos de inquietarse, intentó recordar si se había quedado dormida al llegar a la oveja 102 o si sólo había 102 ovejas y al alcanzar la última se había quedado dormida.

Así pensaba cuando los balidos arreciaron y su sosegada cadencia se convirtió en un reclamo impaciente. Provenían, sofocados, del interior del Armario de las Lenguas. Con los pies descalzos, Nix corrió brincando a abrir las puertas. Tan pronto lo hizo, un clamor de ovejas, carneros, cabras y corderos llenó la habitación. Los balidos eran ahora tantos y tan ruidosos como si más que un Armario se tratase de un inmenso corral.

Así se veía el Armario:

?	?	?	?	?
ESPAÑOL	ALEMÁN	INGLÉS	PORTUGUÉS	CHINO
beeee	**määääh**	**baaaa**	**béééé**	**meeee**

Las perchas estaban recubiertas por lanudas pieles de oveja y, al balar, cabeceaban levantando un polvillo muy fino que hizo estornudar a la niña. En el denso olor flotaban hebras de lana, pajas y cascarillas. Nix tuvo que colocarse la manga delante de la nariz para no estornudar de nuevo. Del fondo sin fondo del Armario llegaban balidos de ovejas suficientes para poder pasar la vida entera en vela contándolas. Sus lomos formaban una alfombra infinita donde se sucedían lanas amarillentas, largos mechones claros, densas guedejas castañas, diminutos rizos negros y tiernos vellones blancos. Voceaban sin parar sus beeee, määääh, bêêêê, baaaa, meeee, confundidos los balidos en una algarabía repetitiva y uniforme. Pero entre todas las perchas sobresalía una, voluminosa y oscura, cuyos extremos se habían alargado y curvado en dos cuernos que apuntaban hacia abajo. Se balanceaba de forma tan teatral y poderosa que las otras volvieron sus astutos ojillos hacia ella.

La gruesa percha negra empezó a balar lánguida y afinada. Su voz estiraba las vocales y era suave y doliente, aunque a veces se volvía irónica y otras temblaba de indignación. Balaba lentamente y con grandes silencios, como un pastor que desea que sus palabras lleguen claras a sus fieles. Igual que los fieles, las perchas asentían con sus balidos y luego callaban mientras cabeceaban siguiendo el ritmo. Sus curiosas orejas planas vibraban, pendientes de cada nota de la balada, cálida y quejumbrosa como esos blues que gusta escuchar al anochecer.

Una pequeña inflexión de la gran voz oscura bastó para que todas se unieran en un improvisado coro a aquella melodía que conmovía el corazón, el Baaaa Baaaa Blues. Donde antes sonaba beeeee ahora se escuchaba buaaaa, donde antes sonaba baaaa ahora se escuchaba waaaaah y waaaaah también se escuchaba donde antes sonaba meeee. Los balidos se proyectaban hasta el fondo de la habitación y su balada desplazó la noche que soñaba la niña fuera del tiempo.

Delante del Armario, majestuoso como un teatro, Nix comenzó a balancearse. La música calaba dentro de ella como la lluvia en la tierra. Un melancólico abatimiento la dejó sin palabras, pero también sin rabia. El Baaaa Baaaa Blues no tenía la domesticada languidez de la música de Carla Bruni. El Baaaa Baaaa Blues decía sin tapujos: tienes derecho a quejarte y a llorar, ¡claro que tienes derecho! Era un largo y negro lamento, pero transmitía la pena con tanta belleza que Nix se sentía afligida y feliz al mismo tiempo.

El Baaaa Baaaa Blues llenó de tristeza la noche, pero en la casa nadie escuchó nada porque todos dormían.

Anexo del IX

THE BAAA BAAA BLUES[1]

I woke up last night
You came when I called out your name
I woke up last night
You came when I called out your name
We lay in the darkness
And you taught me a brand new game

1. **BEEE BEEE BLUES**

Me desperté por la noche
Viniste cuando grité tu nombre
Me desperté por la noche
Viniste cuando grité tu nombre
A oscuras en mi cama te tumbaste
Y un juego nuevo me enseñaste

Si quieres que el sueño venga
Tienes que contar ovejas
Si quieres que el sueño venga
Tienes que contar ovejas
Eso mismo me dijiste
Y contando ovejas me dormiste

If you want sleep to come
Then you better start to count sheep,
If you want sleep to come
Then you better start to count sheep,
That's what you said to me
We counted and I fell asleep

I've got the baaa baaa blues, baaa baaa all night long
I've got the baaa baaa blues, baaa baaa all night long
There's sheep in my wardrobe
And they're bleating a lonesome song

The next time I woke
It was dark but I weren't alone
The next time I woke
It was dark but I weren't alone
I heard those sheep bleating
They were singing their lonesome song

Canto el beee beee blues
beee beee toda la noche
Canto el beee beee blues
beee beee toda la noche
Hay ovejas en mi armario congregadas
Balando un blues que parece una balada

Cuando despierto ahora
Es de noche y no estoy sola
Cuando despierto ahora
Es de noche y no estoy sola
Las ovejas del armario están balando
Su melancólico beee beee blues andan cantando

X

SECRETOS

Un pasado desconocido es un pasado lleno de se-
[cretos.
Secretos que nadie sabe.
Los secretos que nadie sabe no se pueden esconder.
Tampoco se pueden contar.
No se pueden compartir.
Tampoco es posible librarse de ellos.
Los secretos que nadie sabe están ahí, siempre.
No hay forma de olvidarlos.
¿Cómo vas a olvidar algo que no conoces?
Los secretos que nadie sabe son una carga muy pe-
[sada.

La niña sólo tiene seis años.

XI

LO EXISTENTE, LO POSIBLE, LO IMAGINABLE

A Nix le dolió la barriga aquella noche y todas las noches que siguieron. Las sombras estaban más vivas que nunca. Habían roto el cerco protector que la Lengua Verde creaba en torno a la madre y a la niña y ahora flotaban en torno a ella de forma permanente. Ya nada la aliviaba, ni la música de Carla Bruni ni las historias nocturnas que la madre le contaba. Su angustia era tan grande que ni siquiera las escuchaba. Sólo oía el funesto aletear de las sombras. Día y noche.

Tan pronto oscurecía, sentía un nudo en el estómago y a la hora de dormir, cuando su madre se sentaba en la cama, a su lado, le hacía preguntas y más preguntas para que no se fuese, pues temía quedarse sola. Preguntaba con la misma insistencia que golpea un pájaro carpintero.

—Mamá, ¿cuánto me quieres?

—Muchísimo.

—¿Y si me pasara algo?

—¿Algo? ¿Qué?

—Que me quedara ciega —y Nix cerró los ojos.

—Pues te querría ciegamente —contestó rápidamente la madre.

—¿Y si me quedara muda? —y Nix se tapó la boca.

—Te querría sin palabras.

—¿Y si me quedara sorda? —y Nix se tapó los oídos.

—Te querría silenciosamente.

—¿Y si perdiera un pie? —y Nix escondió el pie bajo la sábana.

—Te querría cojamente.

—¿Y si me quedara sin manos? —y Nix escondió las manos bajo la almohada.

—Te querría mancamente.

—¿Y si me quedara calva? —y Nix se cubrió el pelo con las manos abiertas.

—Te querría calvamente.

Y así seguían hasta que a Nix no se le ocurrían más preguntas. Entonces pedía a su madre que se quedara junto a ella contando ovejas. Una oveja, dos ovejas, tres ovejas, cuatro ovejas, cinco ovejas, beee, beee, beee...veinticuatro ovejas... cincuenta y dos ovejas... ciento dos ovejas, beee, beee, beee... Beee, beee, beee, beee, beee... Contaban y contaban hasta que los balidos se convertían en balada y la niña se quedaba dormida. *I've got the baaa baaa blues / baaa baaa all night long / I've got the baaa baaa blues / baaa baaa all night long / There's sheep in my wardrobe / And they're bleating a lonesome song.*[1]

Pero en sus sueños la melancólica balada se iba transformando.

1. Canto el beee beee blues
beee beee toda la noche
Canto el beee beee blues
beee beee toda la noche
Hay ovejas en mi armario congregadas
Balando un blues que parece una balada

There's a wolf in the wardrobe / I can hear him howling the whole night through / There's a wolf in the wardrobe / I can hear him howling the whole night through / The sheep are so frightened / And the problem is I am too.[1]

La niña se despertaba sobresaltada, con los aullidos del lobo aún en sus oídos. Al verse sola, sentía pánico y gritaba hasta que su madre acudía a calmarla. Otras veces gemía y lloraba en sueños y su llanto salía del dormitorio, recorría el largo pasillo, la cocina, el salón, el baño y, al llegar al dormitorio de sus padres, entraba en el corazón de la madre, que despertaba con un dolor extraño que la empujaba fuera de la cama. En la oscuridad resonaba el llanto desgarrador y salvaje y la madre corría hacia su hija sabiendo que no podría calmarlo.

Encontraba a Nix gritando con los ojos muy abiertos, como si viniese de un viaje en el que hubiera contemplado algo terrible. Pero cuando le preguntaba qué había soñado, no recordaba nada.

Los padres habían intentado todo para tranquilizarla: la llevaban a dormir a su cama, la acunaban, le cantaban nanas mientras la paseaban en brazos por el pasillo, la arrullaban, la acariciaban... Nada servía para nada. Entre ayes, Nix se quedaba dormida y entre ayes despertaba de nuevo gimiendo y sudando.

—¡Me duele la barriga!

¿Cómo era el dolor de barriga de Nix?

1. Hay un lobo en el armario
Auuu, pasa las noches enteras aullando
Hay un lobo en el armario
Auuu, pasa las noches enteras aullando
Las ovejas están aterrorizadas
Pero soy yo la más asustada

Ningún profesor del colegio conocía ese dolor. La madre se reunió con la tutora y la psicóloga, quienes, tras una conversación con más silencios que palabras, le recomendaron que la llevara al médico.

Ninguna madre conocía ese dolor. Hablaban a menudo sobre ello en la cafetería donde se reunían cuando dejaban a los niños en el colegio. Tras muchas charlas, cafés con leche, varios cortos de café, otros con leche desnatada, en taza, en vaso y algunos solos, varios tés, numerosas raciones de churros y alguna de porras, recomendaron a la madre de Nix que la llevara al médico.

Ningún vecino conocía ese dolor. Convocaron una junta urgente porque los gritos de la niña resonaban en el patio y no les dejaban dormir. Tras unas palabras del presidente y una votación con una alta abstención porque la mayoría de los vecinos no estaban presentes, urgieron a la madre de Nix a que la llevara al médico.

Pero ningún médico conocía ese dolor. Como la niña decía que la causa del mal era la barriga, ellos recetaban remedios, tan inocuos como ineficaces, para las malas digestiones y para los gases, para el sueño inquieto y las pesadillas. Leche caliente con miel de romero e infusiones con extraños nombres: anís estrellado, tila mullida, hierbaluisa con poleo, manzanilla anisada, valeriana mentolada... Un homeópata recetó unas bolitas azules y sugirió que la niña escuchara música relajante cuando se metiera en la cama. Así hicieron en la casa. El sonido envolvente de las flautas y el arrullo de los violines adormecía a la familia entera. En sus párpados cerrados, como si fuesen pantallas de cine, el cansancio formaba los raíles por donde circula el sueño:

ZZZZZZZZZZZZZZZZZZZZZZZZZZZZZZZZZZZZZZZZ

Pero el tren del sueño de Nix siempre descarrilaba:
ZZZZZZZZZZZZZZZZZZZZZZZZZZZZZZZ

Z

¡AAAAAAY!

Entre ayes, Nix se despertaba con las piernas encogidas y las manos apretadas contra el vientre. Por más que abría los ojos, sólo veía oscuridad en el dormitorio, pues hacía tiempo que el Armario de las Lenguas no aparecía.

Y así noche tras noche tras noche tras noche tras noche.

En la casa todos oían sus lamentos porque nadie dormía. ¿Nadie? Nadie excepto Nox, que descansaba tranquilamente con sus caballitos colocados en torno a la cama como un fiero escuadrón de colores encargado de velar su dulce sueño.

Los días no eran mejores que las noches. En cuanto amanecía, Nix refunfuñaba y discutía sin parar. Su angustia creaba muchas tensiones entre los padres, que no podían evitar desahogar su impotencia y confusión, algunas veces, a través de los reproches mutuos. No digas esto, no hagas lo otro, no permitas aquello, no te comportes así... Pasaban de los mimos a la niña al enfado, del enfado a la preocupación, de la preocupación a los mimos. Y vuelta a empezar. Nix tenía el poder para hacerles felices, pero también profundamente desgraciados.

La madre entendía el sufrimiento de la niña, su tormento al pensar en la madre china. Antes de adoptar a Nix y a Nox, ella había llorado amargamente por los hijos que no lograba tener. Los años de intentos fallidos fueron como un largo e intenso luto. Cuando se le agotaron las lágrimas, fue en busca de Nix y Nox. No había sido fácil. Había tenido miedo, mucho miedo. ¿Y si no las quería lo bastante? ¿Y si no las quería? Pero ni siquiera tuvo que esperar a tenerlas en brazos para descubrir cuáles eran sus sentimientos. En cuanto vio sus fotos, sintió una emoción tan grande que todas las defensas que el dolor había creado dentro de ella se vinieron abajo. Con las niñas empezó una nueva vida.

A Nix todavía le quedaban muchas lágrimas. Y mucha rabia. La madre china la había abandonado, pero la niña la llevaba siempre consigo, en sus ojos, en sus pómulos, en la forma de su cara, en su pelo, en todo lo que la hacía diferente. La madre de la barriga era la línea invisible que la separaba de los demás; el aliento frío que la cercaba como un foso que nadie pudiera atravesar. Nix quería huir del dolor y, como un animal acorralado, se enfrentaba a su madre, la Cigüeña, por ser distinta. Se enfrentaba a ella porque la quería, porque la necesitaba y, sobre todo, porque temía que ella también la abandonara.

Así de confusa estaba Nix: tan pronto gritaba que se iba a China como lloraba desesperada al pensar que la Cigüeña podría dejarla. La retaba continuamente para poner a prueba su amor. La madre no podía evitar enfadarse cuando las rabietas se sucedían. Nix se encolerizaba entonces y tronaba hasta que temblaban los cristales y las dos coletas de la pequeña Nox. En su cara no se veía otra cosa que la boca abierta. Así:

O

Gritaba a su madre, a su hermana y hasta a su padre, que le devolvía los gritos y luego se marchaba furioso:

—¡Yo no puedo con esta niña!

La madre ya no encontraba palabras para calmar a

Nix. La angustia de la niña había calado dentro de ella, aplastando las alas de su imaginación. El llanto nocturno de Nix la sobrecogía. Sentía una honda tristeza porque no podía regalarle lo que aquélla quería: su barriga. Imaginaba cómo sería abrir su vientre vacío para meter a Nix. La niña se acurrucaría dentro, ella cosería la gran abertura y la llevaría consigo hasta que quisiera salir. Imaginaba esto y aquello, pero no podía realizar el deseo de su hija.

Hay cosas que no son posibles. Pero las cosas imposibles no son siempre las más importantes. Y las cosas más importantes no son siempre imposibles.

XII

UN PAQUETE SECRETO PARA NIX

De camino al trabajo, la madre de Nix se cruzaba siempre con una vieja señora china. Atravesaban la misma calle a la misma hora todos los días del año, menos los fines de semana, las fiestas y las vacaciones de verano. La anciana era muy menuda y siempre miraba hacia delante. Cuando hacía frío llevaba bufanda y cuando no hacía frío no llevaba bufanda, pero hiciera el tiempo que hiciera usaba unas gruesas zapatillas negras de estar por casa y unos calcetines blancos. Todos corrían apresurados de una acera a otra menos ella, que avanzaba a saltitos, como un gorrión, y a saltitos desaparecía por una callejuela. A la mañana siguiente, aparecía en la misma acera a la misma hora, atravesaba a saltitos la calle con sus calcetines blancos y sus zapatillas negras y desaparecía de nuevo por la misma callejuela.

Los viernes, la madre salía temprano del trabajo y aprovechaba para hacer la compra antes de recoger a sus hijas en el colegio. Pero aquel viernes decidió dar un paseo. Apenas había dormido la noche anterior: Nix se había despertado gritando a la una y media de la mañana, a las tres, a las cuatro y cuarto y a las seis. Cuando por fin se durmió, a ella le resultó imposible recuperar el sueño. Aunque estaba agotada, necesitaba encontrar una historia que espantara las pesadillas que atormentaban a la niña.

A la mujer le hubiera gustado decirle a Nix que hay sucesos dolorosos que no pueden borrarse como si fuesen manchas de pintura. Permanecen obstinados en nosotros igual que fantasmas en una habitación. No desaparecen por más vueltas que hayamos dado a la llave que cierra la puerta. Hay épocas en que los fantasmas aúllan sin descanso y otras épocas en que permanecen callados, pero siempre están ahí y hay que aprender a vivir con ellos. A la madre le hubiera gustado explicarle todo eso a su hija, pero no encontraba las palabras.

La preocupación la hacía sentirse febril y el aire, frío y limpio como un cristal, la calmaba. Las escasas hojas que aún conservaban los árboles permanecían posadas en el extremo de sus ramas como pájaros que aguardaran el próximo golpe de viento para emprender el vuelo. Se detuvo ante un escaparate polvoriento del que colgaban tiras de tela blanca en las que había dibujados gruesos caracteres negros. Un papel amarillento, pegado al cristal con un celo, anunciaba con una letra delgada y temblorosa:

SE DAN CLASES DE CALIGRAFÍA CHINA

Pegó la cara al escaparate y distinguió, tras el polvo, a la vieja china. Estaba sentada ante una mesita, dibujando. La madre empujó la puerta. Aunque sonaron unas campanitas que colgaban del techo, la anciana no levantó la cabeza del papel. Mientras pintaba, fumaba una pipa tan pequeña como ella. El interior, sucio y desordenado, olía a tabaco de pipa y a incienso. A lo largo de las paredes había estantes donde se acumulaban sin orden paquetes arrugados de té, latas de lichis, sobres de tallarines precocinados, linternas, palillos para los dientes y palillos para comer, bolas chinas, bolsos, paraguas de papel encerado, envases de leche de soja, frutos secos, libros, llaveros luminosos, paquetes de arroz, horquillas de colores, despertadores...

La madre recorrió la tienda mientras miraba por el rabillo del ojo a la anciana, que, con una manta sobre los hombros, dibujaba sin prestarle atención. Toqueteó varios objetos de los estantes y se le cayeron unas rosas de plástico que, al chocar contra el suelo, se iluminaron e hicieron sonar una musiquita, pero ni siquiera entonces la mujer levantó la cabeza. La madre masculló un «lo siento» y azorada cogió un paquete de té de jazmín. Se dirigió a la anciana, se detuvo delante de ella y carraspeó para llamar su atención:

—Disculpe, ¿el té de jazmín es relajante?

La china levantó el pincel del papel y la miró sin decir una palabra.

—Estoy buscando algo que ayude a dormir a mi hija —continuó vacilante la madre.

—¿Cómo se llama su hija? —La manta resbaló ligeramente del hombro izquierdo de la anciana. Aún llevaba la bufanda.

—Nix.

—¿Qué le sucede?

La madre empezó a hablar. Se hallaba en ese estado de ánimo en que basta escuchar la pregunta adecuada para romper a llorar con desconsuelo o para que las palabras salgan a borbotones. Desde fuera del escaparate, a través del cristal polvoriento, se veía a las dos mujeres conversar animadamente. Cuando la madre abrió la puerta para marcharse, la voz de la anciana salió a la calle:

—Vuelva la semana que viene. El viernes.

El lunes siguiente ambas se cruzaron en la misma calle y a la misma hora de siempre. La madre de Nix saludó, pero la anciana, que avanzaba a saltitos con sus gruesas zapatillas negras y sus calcetines blancos, no pareció verla y, mirando hacia delante, desapareció por la callejuela. Y así sucedió hasta que llegó el viernes. Tan pronto salió del trabajo, la madre corrió a la tienda con la esperanza de que, por fin, alguien le diría qué hacer y cómo hacerlo. La vieja china estaba sentada delante de su mesita dibujando y fumando, con la manta sobre los hombros y la bufanda en el cuello. Cuando sonaron las campanitas de la puerta, levantó ligeramente la cabeza. Dejó el pincel sobre la mesa y le tendió un paquete envuelto en papel de periódico y atado con una cuerda.

—¿Qué es? —la madre tenía un nudo en la garganta.

—Sólo debe abrirlo su hija —contestó la anciana sin quitarse la pipa de la boca.

—Pero ¿qué es?

—Algo que ella lleva esperando mucho tiempo.

La anciana no dijo más. Inclinó la cabeza, mojó el grueso pincel con la boca, lo introdujo en un vaso de tinta y empezó a pintar. Sobre la tira de papel blanco los trazos negros parecían pájaros en vuelo.

XIII

EL RELOJ DE CUCO

—¿Qué es, mamá? ¿Qué es? —Nix comenzó a brincar sobre la cama tan pronto apareció su madre en el dormitorio con el paquete en las manos.

—Una sorpresa. Si te sientas, te lo doy. Así, muy bien, toma.

Nix rompió a toda prisa el envoltorio. Debajo de los papeles de periódico había más papeles de periódico y debajo de éstos, más papeles aún y debajo de esos, todavía más papeles y debajo de aquellos había un plástico de burbujas y debajo de las burbujas de plástico, justo ahí debajo, brillaba algo dorado. La niña metió las manos y sacó una casita de madera con un tejado puntiagudo. La fachada parecía de oro y sobre ella estaba pintada la gran esfera blanca de un reloj cuyas manecillas negras marcaban las diez y diez. De la casa colgaban dos largas cadenas de las que a su vez colgaban dos piñas muy pesadas y relucientes. Pero lo más extraordinario se encontraba entre la esfera del reloj y el tejado.

En ese pequeño espacio había dibujado un árbol en

torno a cuya copa, verde y frondosa, revoloteaban numerosos pájaros. Sus vistosos plumajes rojos, naranjas, ocres y amarillos brillaban como fuegos artificiales sobre el cielo dorado por el sol del ocaso. En cada extremo del árbol estaba posado un pájaro. Ambos miraban con sus redondos ojos negros una puertecita oculta en la copa.

—¡Qué bonita! —exclamó Nix, mientras empujaba la puerta con un dedo para abrirla. Como no pasó nada, probó a meter las uñas en la rendija y tirar hacia fuera.

—No, no hagas eso, vas a romperla —advirtió la madre.

—¡Ay! ¡No puedo abrirla!

—Dame, no es cuestión de fuerza, sino de habilidad.

La madre colocó la casita en su regazo y tiró hacia abajo de las piñas doradas, pero nada se movió. Con mucho cuidado intentó entonces abrir la puerta, pero tampoco lo consiguió.

—¿Qué hay dentro, mamá? ¿Qué hay?

—Hay un cuco y este reloj es su casa.

—¡Un cuco! —exclamó la niña con el ceño fruncido—. ¡No me gustan los cucos!

—Éste sí te va a gustar, ya verás. Cada vez que el reloj da la hora, se abre la puerta, sale él y hace cucú —la mujer acarició la superficie dorada—. Nunca había visto un reloj de cuco tan bonito como éste.

—¡Quiero ver el cuco! ¡Quiero verlo! —gritó Nix excitada y empujó de nuevo la puerta con los dedos.

—No, déjame a mí. Hay que tener mucho cuidado, el reloj parece antiguo y es fácil que se rompa.

La mujer probó a retrasar la manecilla de los minutos para cambiar la hora de las diez y diez a las diez en punto, pero fue imposible desplazarla. Trató de girar las dos manecillas a la vez, pero parecían pegadas. Quizá existía algún resorte oculto que ponía en marcha la maquinaria, activaba las manecillas y desbloqueaba la puerta. Pasó con delicadeza las manos por la superficie del reloj, ascendió al tejado de la casita y descendió por la parte trasera. Sus dedos recorrieron las cadenas, eslabón por eslabón, y tantearon el relieve de las piñas. No dio con nada. Miró detenidamente arriba y abajo, delante y detrás, en las esquinas, en los aleros del tejado, en los orificios por donde salían las cadenas... No encontró nada. Presionó las cifras y el pequeño tornillo negro que unía las manecillas. No sucedió nada. El reloj seguía detenido en las diez y diez. Agitó suavemente la casita. Tampoco oyó nada. Suspiró desanimada:

—Lo siento, cariño, creo que está estropeado. Mañana lo llevaré a la tienda para cambiarlo.

La madre sujetó el reloj como si se tratase de un bebé enfermo y se encaminó a la puerta, pero Nix la detuvo:

—No te lo lleves, mamá. Quiero dormir con él.

—Nix, si se rompe, no querrán cambiármelo.

—¡Por favor! ¡Por favor! ¡Por favor!

—Vale, pero tienes que prometerme que no lo tocarás. Es muy frágil.

—Te lo prometo.

La madre colocó el reloj encima de la estantería donde estaban los cuentos. Luego se acercó a la cama para darle un beso a su hija.

—Ahora a dormir, que es muy tarde.

—¿No me cuentas un cuento?

—Esta noche, no, Nix, estoy muy cansada. Buenas noches, pajarita.

Se inclinó para recoger los papeles del envoltorio, esparcidos a los pies de la cama. Entre los pedazos había una hoja que se había salvado del desgarro. En ella apareció dibujado el reloj acompañado de un largo texto. Estaba escrito en un idioma que la mujer no conocía. Dio la vuelta a la hoja, esperando encontrar una traducción, pero la otra cara del papel estaba en blanco. Miró el dibujo con detenimiento: las manecillas del reloj marcaban las 12 en punto, pero donde debía estar el 12 aparecía el 6 y donde debía estar el 6 estaba el 12, como si hubiesen colocado el reloj al revés. Y eso que sucedía con el 12 y el 6 ocurría con los demás números.

—¿Qué es eso, mamá?

—Supongo que son las instrucciones, la hoja se ha debido caer cuando desenvolviste el regalo.

—¿Qué dice?

—No lo sé, no entiendo el texto —colocó la hoja junto al reloj de cuco y salió de la habitación.

La madre se dirigió a su dormitorio arrastrando los pies. Sabía que la esperaba otra noche en blanco. Dentro de unas horas resonarían los gritos en la oscuridad y volvería a repetirse el ritual: el cuerpo tembloroso de Nix, su cara desencajada por el pánico, las caricias para arrastrarla fuera de la pesadilla, tirando de ella como si estuviese a punto de hundirse en arenas movedizas. Cuando la niña volviera a dormir tranquila, ella regresaría a la cama con el sueño partido y la desesperación de no saber cómo secar esas siniestras arenas movedizas. Había creído que la anciana china podría ayudar a su hija, pero lo único que había conseguido era comprar un reloj estropeado con unas instrucciones indescifrables.

Desde su almohada, Nix miraba la esfera blanca del reloj y la misteriosa puertecita en la copa del árbol. En realidad, era el reloj el que parecía mirarla a ella con su gran ojo sin párpado. Sin hacer ruido, la niña se levantó y se aproximó a la estantería. Tocó las manecillas del reloj para moverlas, igual que antes había hecho su madre. Tiró de las piñas, intentó separar el tejado... Jugando, dio dos golpecitos a la puerta:

—Pum, pum. Eh, cuco, ¿estás en casa?

No hubo respuesta. Dio otros dos golpecitos:

—Pum, pum. ¿Hay alguien ahí?

No hubo respuesta. Esta vez Nix golpeó con decisión:

—¡Pum! ¡Pum! ¡Pum!

Furiosa, aporreó la puerta:

—Cuco. ¡CucOOO! ¡CUCOOOO! ¿ESTÁS SORDO?

Un ruido en el pasillo la sobresaltó: si despertaba a Nox con los golpes, sus padres le quitarían el reloj. Cogió las instrucciones y regresó a la cama. En la penumbra del dormitorio contempló la hoja, pero los ojos se le cerraban, pues sobre ellos ya había colocado sus pesados dedos el sueño. La niña parpadeó con esfuerzo varias veces. Y entonces vio el Armario de las Lenguas, oscuro y panzudo, en la esquina de la habitación. Estaba tan contenta de tenerlo allí de nuevo que se levantó de un salto y corrió hacia él.

El Armario estaba extrañamente silencioso. Nix abrió las puertas y comprendió la razón: colgadas en sus perchas, las lenguas parecían dormidas. La niña les mostró la hoja de instrucciones del reloj, pero las perchas no se movieron y de las lenguas no escapó un solo sonido. Nix hizo entonces algo que nunca había intentado antes: fue descolgando las lenguas para ponérselas en la boca.

Probó primero con la lengua portuguesa, pero por más que la movió y la removió como un tornillo no consiguió descifrar las instrucciones del reloj de cuco. Le quedó, eso sí, un sabor muy rico a caldo verde. A continuación comprobó que la lengua china sabía a rollitos de primavera; la lengua española, a tortilla de patata con cebolla; la lengua alemana, a *apfelstrudel*; la lengua francesa, a *pain au chocolat* y la lengua inglesa a *Christmas pudding*. Nix, que era muy golosa, se chupaba los labios cada vez que elegía una nueva lengua. Todas le dejaron muy buen sabor de boca, pero ninguna la ayudó lo más mínimo a comprender una sola palabra de la hoja.

La niña repitió con la lengua inglesa porque le había encantado el *pudding*, pero, cuando iba a dejarla en su sitio, resbaló. La lengua salió despedida y cayó sobre las demás. ¡Ay! Au! Aïe! Ai! Ouch!, gritaron todas. Estaban quejándose indignadas cuando, de repente, unas pasaron a tirarse besos, otras a balar y las de más allá a piar. Aquello era un guirigay terrible: pío pío, ¡ay!, aïe!, po, smack, piep piep, ow!, ai!, chio chio, baaaaa, bêêêêê, schmatz, cui cui, smooch, tweet tweet, määääh, piu piu, muá, chuik, chuu...

La niña cerró de golpe el Armario, pero las lenguas empezaron a hablar enloquecidas: que si arriba que si abajo, que si tal que si cual, que si esto que si lo otro, que si fue que si vino, que si patatín que si patatán... El estruendo era tan grande que Nix entreabrió de nuevo las puertas: las lenguas estaban en corro y charlaban a gritos. Se puso el dedo en los labios y les chistó para que callaran: ¡Chsss! No sirvió de nada. Entonces chistó con más fuerza: ¡CHISSSS! Todas las lenguas giraron hacia ella y le chistaron a su vez: ¡CHITÓN! SHHHH! CHUT! CHIST! XIU!... Y, sin prestarle más atención, siguieron su cháchara a voces: bla bla bla bla bla bla bla bla bla bla bla bla bla bla bla bla bla bla bla bla bla bla bla bla bla bla...

Pero en la casa nadie oyó nada porque todos dormían.

XIV

AL REVÉS

Nix intentó acallar las lenguas. «Por favor», les imploraba de una en una. «Despertaréis a todo el mundo», les decía. «Chissss, si viene mi madre me quitará el reloj.» Entre ruegos y súplicas, iba desfilando ante ellas cuando descubrió una lengua que jamás había visto.

?

SÉVER

La descolgó y, al ponérsela en la boca, sintió cómo la hoja de instrucciones aleteaba en su mano. Desplegó el papel con cuidado y descubrió que el reloj dibujado aparecía distinto. Las horas habían cambiado de lugar y, por primera vez, estaban en orden: las manecillas marcaban las 12 en punto, y el 12 estaba arriba y el 6 abajo, y el 3 a la derecha y el 9 a la izquierda. La niña se quitó la lengua de la boca y las horas inmediatamente se trastocaron: las que estaban a la derecha aparecieron a la izquierda y las que figuraban arriba se desplazaron abajo. Así, donde debía estar el 12 estaba el 6 y donde el 6, el 12, y lo mismo sucedía con las demás horas.

Nix miró asombrada la nueva lengua del Armario. Las demás le permitían comprender las palabras que su oído desconocía, pero ésta era diferente. Con ella percibía lo que antes no veía. ¡Aquella lengua mejoraba la visión! Repitió lentamente su nombre: Sé-ver. La nueva lengua le mostraba lo que las personas, por mucho que abriesen los ojos, jamás vislumbrarían.

Su gusto también era distinto. No era dulce ni salado. Tampoco amargo ni picante. Era fugaz y, al mismo tiempo, provocaba un vivo deseo de saborearlo. Nix metió de nuevo la lengua en su boca y se acercó al reloj de cuco. Tan pronto lo tocó, las manecillas se deslizaron solas. En la página, las palabras también empezaron a moverse como peonzas, rápido, cada vez más rápido. La propia Nix comenzó a girar, pero su cuerpo iba en una dirección y su cabeza en otra, y ahora tenía la cabeza del derecho y ahora del revés, y sus ojos daban vueltas y ahora uno estaba mirando hacia arriba y otro hacia abajo, y luego uno miraba a la derecha y otro al centro, y luego giraban los dos en la misma dirección, como el tambor de una lavadora.

La niña daba vueltas sin descanso. Vio su espalda y la mancha verde que tenía en el culo del pijama rosa. Vio también que sus talones estaban muy sucios porque había estado jugando descalza y no se los había restregado con la esponja a la hora del baño como le había dicho su madre. Cerró los ojos porque se estaba mareando y entonces sintió un ¡clic!, como si su cabeza y su cuerpo se hubieran enroscado. Aunque más que un ¡clic! oyó un

¡cucú! y cuando abrió los párpados tenía el reloj delante y el cuco estaba mirándola.

12

1 11

2 10

3 9

4 8

5 7

6

Sin prestar ninguna atención al pájaro, Nix se echó las manos a la cabeza:

—¡Mamá me va a matar cuando vea el reloj!

Las manecillas habían caído al suelo y los números de la esfera aparecían en sentido contrario: después del 12 no iba el 1, sino el 11, y luego no seguía el 2, sino el 10, y así sucedía con todos los demás. La niña rebuscó entre sus colores para pintar las manecillas en la esfera blanca y corregir las horas hasta que estuviesen en orden. Iba a añadir un 1 al 1 para que se convirtiera en 11 cuando escuchó el sonido acompasado de la maquinaria. ¡El reloj funcionaba! Claro que funcionaba, aunque no hacía TIC TAC TIC TAC TIC TAC como todos los relojes, sino TAC TIC TAC TIC TAC TIC.

El cuco carraspeó con fuerza para llamar la atención de Nix:

—Cou-cus... ¡Diablos! Cus-cús... ¡Diablos! Cucú

cucú. ¡Ah, por fin! Cucú cu-cuando tengas un minuto, deberías atenderme.

La niña se volvió hacia el pájaro. Tenía la cabeza gris, las alas castañas y una cola negra moteada de blanco. Líneas pardas le cruzaban el pecho como si, bajo las alas, llevara una camiseta de rayas. Sus ojos inquisidores y oscuros estaban fijos en Nix.

—¿Tú hablas? —preguntó la niña.

—¿Tú oyes? —respondió el cuco.

—¿Tú hablas mi idioma? —precisó la niña.

—¿No será que tú hablas el mío? —replicó el cuco.

—¿Yo hablo el lenguaje de los cucos?

—Cosas más raras he visto.

—¿Tú eres el cuco que vive en el reloj?

—¿Tengo pinta de ser un pájaro carpintero? ¿Un martín pescador? ¿Un águila imperial?

La cabeza gris y los ojos penetrantes daban al cuco un aspecto avejentado y severo que contrastaba con las alegres rayas del pecho y su dulce voz. Al hablar, movía las alas y el pico de una forma muy cómica, pero Nix, molesta por el tonillo que usaba, ni siquiera sonrió.

—Como hablas podrías ser un loro. Aunque mi mamá dice que las urracas y los cuervos también hablan. Pero tú eres tan pequeño que debes de ser un periquito.

—¿Un periquito, yo? ¿Un loro, yo? ¿Un cuervo, yo? ¿Una urraca, yo? ¿YO?

—Bueno, tal vez seas un pájaro-niño.

—¿Un pájaro-niño, yo? ¿YO? —el cuco aleteaba con tanta indignación que su cuerpo empezó a crujir—. ¿No has visto mis grandes alas? ¿No has oído mi canto? ¿No has contemplado mi figura armoniosa? Un pájaro-niño es un pájaro bobo, un pingüino, ¡un engendro que sólo sabe volar dentro del agua! ¡Eso no es un pájaro! ¡Es un pez con pretensiones!

Nix se alegró de haber sacado al cuco de sus casillas, pero lo miró con expresión de inocencia.

—No sé por qué te pones así. Mi madre dice que yo soy una niña-pájaro porque me parezco a las golondrinas y no me enfado por eso.

—Tú serás lo que quieras: una niña-pájaro, una pajarraca o una espantapájaros, pero yo... ¡Yo soy un cuco!

—Pues eres un cuco muy raro. Antes dijiste cuscús, en lugar de cucú.

—¡Diablos! ¡YO soy un cuco de la Selva Negra! Tengo un perfecto acento alemán. Escucha: cuscús... ¡Diablos! cuscou... coucus... cuscús... ¡Diablos! Ese cuco de Marruecos que conocí en el viaje me ha pegado su acento.

—¿Tú eres el que me ha puesto la cabeza del revés? —le preguntó Nix.

El cuco ignoró a la niña mientras seguía mascullando malhumorado:

—Cucus... ¡Diablos! Coucou... ¡Eso es francés! Kuckcou... ¡Diablos! Kuckuck. Ahhhh, por fin —suspiró aliviado y, con voz melodiosa, cantó—: Kuckuck, kuckuck.

—¿Te encuentras bien?

—*Sehr gut!*[1] Kuckuck, kuckuck. ¿Has oído alguna vez un acento alemán más refinado? Kuckuck, kuckuck. Y espera a oír mi acento español. Es castellano puro: cucú, cucú... Sobrio y limpio como el de un cuco de Valladolid. Y musical como el de Plácido Domingo.

—Oye, cuco, hoy no es domingo, es viernes.

—¡Cucú cu-cuánta ignorancia! —exclamó el pájaro—. Domingo es un famosísimo cuco tenor.

—¿Tenor? ¿Qué es tenor? —preguntó Nix, pero el pájaro no contestó, ocupado en buscar algo debajo de sus

1. ¡Muy bien!

alas. La niña le sujetó la cabecita gris con un dedo y la giró hacia ella para que le prestara atención—: ¿Por qué no saliste antes para que te viera mi mamá?

—¡Chitón! —El cuco tenía un pico pequeño, pero puntiagudo, con el que ahora amenazaba a la niña—: ¿Crees que tengo todo el día para contestar tus preguntas? Escúchame atenta, responde rápido y vocaliza bien para que te entienda. Tenemos que darnos prisa. ¿Tú eres Nix, la viajera?

Nix no dijo nada, atenta al pico del pájaro.

—¡Diablos! ¿Eres Nix o no eres Nix?

—Sí, soy Nix. ¿Y tú cómo te llamas?

El cuco ya no le prestaba atención, ocupado de nuevo en rebuscar debajo de sus alas. Los ojos de la niña empezaron a brillar de indignación:

—¿Por qué no me dices tu nombre? ¿Te ha comido la lengua el gato?

El cuco brincó sobresaltado:

—Un gato, ¿hay por aquí un gato?

—No, no hay ningún gato, es una forma de hablar —dijo Nix.

—Una forma de hablar, una forma de hablar... ¡Diablos! Por poco se me caen las alas del susto —rezongó el pájaro—. No quiero oír una tontería más. ¡Chitón! ¡A callar! No distraigas al pájaro guía.

—Así que eres un pájaro guía. ¿No decías que eras un cuco?

—¡Sí-sí! ¡Soy un pájaro guía! ¡Y también soy un cuco! CUCÚ CUCÚ —cantó el pájaro con la misma energía con que Nox proclamaba que ella era un caballito.

—Pero...

—¡Chitón! ¡A callar!

—Yo sólo quiero saber cómo te llamas.

El cuco se aclaró la garganta y empezó a tararear:

—La respuesta, amiga mía, flota en el viento.

Nix miró alrededor, pero no había viento y ningún nombre flotaba en la habitación. El cuco se balanceaba en el extremo del fuelle que le unía al reloj mientras seguía cantando:

—*The cucúanswer is cucúblowing in the cucúwind...*

La niña se encogió de hombros. Decididamente ese cuco era el pájaro loco.

—¿Tú pones tus huevos en los nidos de otros pájaros?

—Sí-sí, ése soy yo.

—Pues a mí no me gustan los cucos.

—¡Chitón! —el pájaro abrió el pico como si fuese una tenaza—. YO soy el pájaro favorito de los grandes compositores: Vivaldi ha compuesto para mí, y Haendel y Chaikovsky y Saint-Saëns. Todos ellos se han inspirado en mí y a todos ellos les he dado gran fama.

—Pues a mí no me gustan los cucos —repitió Nix.

—¿Ah, no? ¿Y qué le gusta a la niña? ¿El ruiseñor, el canario, el mirlo, la alondra...? ¿Esos cantantes de segunda fila? Escucha esto con atención: cucú cucú cucú cucú cucú cucú cucú cucú...

El pájaro se detuvo y la miró con orgullosa expectación:

—¿Sabes qué estoy cantando?

—No tengo ni idea.

—Cucú cucú cucú cucú cucú cucú... ¿Qué es? La respuesta es muy fácil. Deprisa, deprisa, contesta.

—No sé.

—¡*Las cucú cu-cuatro estaciones*, de Vivaldi! Como eres una niña-golondrina ya sabrás lo que dice el refrán: «Una golondrina no hace verano.» Pues aprende: basta un cuco para anunciarlo. En *Las cucú cu-cuatro estaciones*, YO pregono la llegada del verano y la tórtola y el jilguero me responden. YO soy el cantante principal y ellos son los cantantes secundarios.

—¡Ahora me toca a mí! —Los ojos de Nix brillaban. El cuco era insolente y altanero, pero había comenzado un juego y a ella le encantaba jugar—. A ver si adivinas qué estoy cantando: *Pourtant quelqu'un m'a dit que tu m'aimais encore, c'est quelqu'un m'a dit que tu m'aimais encore. Serais-ce possible alors?...*

El cuco escuchó desconcertado el insólito canto, ronco e infantil. Bajo su áspera corteza, aquella voz era tierna y vulnerable.

—¿No lo sabes? ¡Pero si es muy fácil! Bueno, vale, pues ¿de quién es la canción? Deprisa, deprisa, contesta —le urgió la niña, pero el pájaro seguía sin decir nada—. ¿Te rindes? Es de Carla Bruni. ¡Te he ganado! Venga, ahora te toca a ti.

El cuco había entreabierto amenazadoramente el pico:

—¿No pretenderás ser más cuca que el cuco?

—Yo no soy una cuca, soy una niña.

—¿Cucú cu-cuántos años tienes?

—Seis.

—¡Cucú cu-cuanto más grandes los humanos, más tontos! —exclamó el pájaro.

Nix frunció el ceño:

—¡Yo no soy tonta! ¡Estás enfadado porque te he ganado!

Formaban un extraño dúo: la niña con su voz ronca y el pájaro con su dulce voz.

—¡Chitón! ¡A callar! —ordenó el cuco—. ¡Tenemos que darnos prisa!

—Me estás volviendo loca: cuando callo, me ordenas hablar y cuando hablo, me mandas callar. Calla, contesta, calla, contesta...

—¡Silencio! El tiempo que se pierde jamás se vuelve a encontrar y YO no puedo perder un solo segundo. Si me distrajera tanto como TÚ, jamás daría la hora a su hora y nada funcionaría en el mundo: los padres llegarían al trabajo demasiado pronto o demasiado tarde, el desayuno se confundiría con la comida y la comida con la cena, los niños irían a jugar al parque de noche y se meterían en la cama para dormir por el día, las tiendas abrirían cuando todos estuvieran durmiendo y estarían cerradas cuando todos estuvieran despiertos...

La niña estaba pensando cómo era posible que un ser tan brusco tuviese una vocecita tan tierna cuando el cuco le apuntó con un ala:

—¡No me estás escuchando! Atiende: yo soy el guía que te va a mostrar el camino hacia el lugar con el que llevas soñando noches y noches y noch... ZZZZZZZZZZ...

El cuco había cerrado los ojos y estaba roncando.

—¡Cuco! ¡CUCO! —voceó Nix para despertarlo.

El cuco abrió los ojos sobresaltado.

—¡Diablos! ¿Por qué me gritas?

—Te has dormido.

—¡Cucú cu-cuentista! ¡El pájaro guía descansa, pero nunca se queda dormido! Acabo de hacer un viaje larguísimo y agotador para llegar hasta aquí, cierro un momento los ojos y ¡zas!, la niña empieza a dar alaridos. Te lo advierto, como vuelvas a gritarme, me voy a casa, cierro la puerta y no salgo más.

El pájaro señaló con un movimiento del pico la puerta abierta en el reloj y repitió:

—Una palabra más, me vuelvo a casa y no te devuelvo al nido. Ahora escucha con atención porque no tenemos un minuto que perder.

A pesar del rostro iracundo del cuco, Nix no pudo resistir su curiosidad:

—Es que no te comprendo. ¿De qué nido hablas?

—Pues, ¿qué nido va a ser? ¡Diablos! ¡A esta niña no hay quien la entienda! ¡Pobre de mí! ¡Me va a estallar la cabeza!

Y tras decir esto, el cuco se lanzó a tararear imitando la voz de Nix cuando cantaba:

—¿Por qué cambiaron mi huevo de nido? —susurró, ronco y melancólico, mientras abría el ala derecha—. ¿Dónde dónde está mi primer nido? —y abrió el ala izquierda—. ¿Por qué y dónde? ¿Dónde y por qué? ¿Por qué... ZZZZZZZZZZZZZ...

El cuco se había dormido de nuevo entre grandes ronquidos, pero Nix ya no se atrevió a llamarlo.

—... ZZZZZZZZ...

Cuando su padre roncaba, su madre chascaba la lengua contra el paladar para despertarlo sin que se asustara. Así hizo Nix:

—Ta-ta-ta-ta-ta-ta-ta-ta-ta...

El cuco entreabrió sus ojos somnolientos:

—¿Qué te pasa en la lengua?

—Te habías quedado dormid...

—¡¿Qué?! —exclamó con su dulce vocecita mientras contemplaba con mirada torva a la niña.

—Nada, nada. Sólo estaba cantando una canción... —a Nix se le iluminó la cara—. A ver si adivinas cuál. Es muy fácil:

Cucú, cantaba la rana
Cucú, debajo del agua
Cucú, pasó un caballero
Cucú, con capa y...

El cuco la interrumpió mientras agitaba furioso las alas:

—¡Basta, basta! ¿Qué es eso?

—La canción del cuco. ¡Te he vuelto a ganar!

—¿Una canción? ¿ESO ES UNA CANCIÓN? ¡La letra es absurda! ¿Desde cuándo las ranas hacen cucú? ¡Hacen croac, croac! Y, en cuanto a la música, te ordeno que, a partir de ahora, mantengas el pico cerrado. Puede que seas una niña-pájaro, pero cantas igual que... igual que una rana. Ja-ja, ja-ja —se rió el cuco—. A ver, ¿qué estaba YO diciendo cuando empezaste a croar?

—¡No te lo digo! —Nix hizo el gesto de cerrarse los labios con una cremallera, mientras expulsaba, indignada, el aire por la nariz.

—¿Qué estaba diciendo? —repitió autoritario el pájaro.

La niña miró hacia otro lado.

—¡Vamos, vamos! —exclamó el cuco—. ¡No tenemos tiempo para juegos!

—¿No querías que tuviese el pico cerrado? Además yo no voy a jugar más contigo, siempre te enfadas cuando pierdes. —Nix repitió el gesto de cerrarse los labios, pero esta vez echó la llave a la cremallera.

—¡Diablos! ¡Esta niña me está volviendo loco!

—Yo no te he pedido que vinieras —replicó la cría, dando una patada al suelo.

—Sí-sí, tú me has llamado, por eso estoy aquí.

—Yo no te he llamado, ni siquiera sé cómo te llamas.

—Sí-sí, sí me has llamado —el cuco la apuntó con el ala derecha—. Te lo advierto: me está empezando a doler la cabeza. ¡Diablos! Esto no puede ser. He abandonado la Selva Negra para reunirme contigo y llevarte a tu primer nido. He recorrido todo el cucúcamino desde Alemania, y te aseguro que no es un viaje fácil. He tenido que cargar mi cucúcasa y esas dos cucúpiñas, que casi me rompen las alas. ¡Diablos! Me he sacrificado por ti y ahora que estoy aquí, no paras de llevarme la contraria. Te aviso: como sigas protestando, me dolerá terriblemente la cabeza y entonces me veré obligado a volver a casa para tomar una cucúaspirina y ya no tendremos tiempo para ir al nido. ¡No tendremos tiempo!

El TAC TIC TAC TIC TAC TIC del reloj resonaba en la habitación. El cuco acercó su cabecita gris a Nix hasta que su pico casi le rozó la nariz y, con gran autoridad, le preguntó:

—¿No te gusta tu nido? ¡Contesta rápido!

—Pero es que no sé de qué nido hablas —insistió la niña.

—¡Diablos! Pues ¿qué nido va a ser? —el cuco hizo un gesto circular con el ala—. ¡Tu casa! ¡Esta casa! ¿Te gusta?

—Sí, me gusta.

—¿No te gustan tus padres?

—Sí, claro que me gustan.

—¿No te gusta tu hermana?

—¿Nox? Es una pesada, no para de cantar.

—¿Es un pájaro?

—Ella dice que es un caballito.

—Es un caballito —repitió el cuco.

—¡No! ¡No es un caballito! ¡Es mi hermana!

—Entonces, ¿te gusta o no te gusta tu hermana? —prosiguió, irritado, el cuco.

—Sí, claro que me gusta, ¡es mi hermana!

—Entonces ¿por qué quieres volver al primer nido?

—¿El primer nido? —vaciló Nix—. ¿Ése es el mismo de antes o es otro?

—¡Cucú cu-cuánta paciencia! —suspiró el pájaro levantando los ojos y las alas al cielo—. Te repetiré la pregunta de otra manera: ¿por qué quieres volver a casa? C-A-S-A —deletreó el pájaro.

—¿A casa? ¿Para qué voy a volver a casa si ya estoy en casa?

—¡Diablos! Volver a tu primer nido. ¡Tu PRIMER nido!

Harta de sus malos modales, la niña miró ceñuda al pájaro que, ceñudo, le devolvió la mirada. Hubieran permanecido así, retándose en silencio, los ojos de uno clavándose en los ojos del otro, de no ser porque el TAC TIC TAC TIC TAC TIC del reloj distrajo al cuco. Con un respingo, enterró la cabeza debajo de las alas pardas y no la sacó hasta que encontró lo que quería. De su pico colgaba una percha de la que colgaba una gran barriga.

?

CHINO

tutsi

—¡Aquí está! —masculló triunfal y, dirigiéndose a Nix, añadió—: ¡Aquí la tienes!

La niña contempló aquel vientre abultado, redondo y poderoso como un inmenso gong.

—¡Diablos! ¿No dices nada? ¡Es la barriga de tu madre de la barriga!

Nix extendió los brazos para tocarla. Sus pequeñas manos tendidas temblaban, temblaban sus brazos, su cuerpo entero temblaba, pero el cuco retiró la percha de su alcance.

—¿Te gustaría entrar?

—¿Entrar? —la voz de Nix también temblaba.

—El primer nido está dentro, no fuera. He venido desde la Selva Negra para guiarte en el viaje al interior de la barriga.

—¿Al interior?

—¡Diablos! ¿Vas a repetir todo lo que yo diga? —exclamó, impaciente, el cuco—. Vamos a desandar el camino que hiciste al nacer. Iremos al revés.

—¿Al revés?

—Sí-sí, al revés. ¿Para qué crees que sirve la lengua del Armario?

—¿Qué lengua?

—¡Diablos! La que tienes dentro de la boca. Sácala y lee su nombre de izquierda a derecha. Hazlo alto y claro.

La niña sacó la lengua y, bizqueando, leyó su nombre, Séver, en la dirección que le había indicado el cuco:

—revéS.

—Eso es: revés. Séver es revés al revés. ¿Lo ves? Esa lengua te permitirá viajar en sentido contrario al que marca el nacimiento. Hace seis años, saliste de la barriga para entrar en el mundo. Ahora iremos al revés: saldremos del mundo para entrar en la barriga y yo te guiaré. ¿Quién sino un cuco podría devolverte al nido? Para ese viaje no sirve un pájaro cualquiera. Para ese viaje se requiere un guía cucú cu-cualificado. ¿Estás preparada?

Los redondos ojos inquisidores del cuco se aproximaron a la niña hasta confundirse en un solo y enorme agujero.

—¿Estás preparada? —repitió.

Aquel oscuro agujero parecía abrirse a un túnel sin fin.

—No sé —dijo Nix tan bajito que apenas se oyó su voz.

El cuco se alejó de ella y la contempló de la cabeza a los pies y de los pies a la cabeza.

—Rápido, rápido, contesta. Si perdemos el tiempo no iremos con tiempo ni llegaremos a tiempo. ¡Diablos! ¿Quieres entrar?

Nix asintió tímidamente.

XV

SÍGUEME

El TAC TIC TAC TIC TAC TIC del reloj resonaba en la habitación.

—Veamos, veamos. Antes de emprender el viaje, tienes que rellenar un cuestionario. Son exigencias de la Brigada Especial de Cucos.

El cuco rebuscó debajo de sus alas, pero no encontró nada.

—¡Diablos! Siempre pierdo los formularios en las mudanzas. Bueno, yo te haré las preguntas. Tenemos que ir rápido, no te distraigas porque no las repetiré.

—¿Y si no las sé? —Nix empezó a dar saltitos, excitada por el nuevo juego—. ¿Si me equivoco, pierdo?

—¡Chitón! Presta atención a las preguntas. Empiezo: ¿vas a dejar de protestar?

Nix asintió.

—¿Vas a ser razonable?

Nix asintió por segunda vez.

—¿Vas a obedecerme?

Nix asintió por tercera vez.

—A partir de ahora te dirigirás siempre a mí como «Señor Guía». ¿Entendido?

Nix se encogió de hombros y asintió por cuarta vez.

—Escucha con atención: vamos a desandar juntos el camino que te ha llevado hasta aquí. En el viaje al revés de la barriga, iremos hacia delante para ir hacia atrás y cuando alcancemos el final habremos llegado al principio. ¿Está claro?

Nix negó con la cabeza porque no había entendido nada. Persuadido de que no lo había comprendido porque no prestaba atención, el cuco se aproximó a la niña y se lo explicó de nuevo, pero esta vez habló mucho más alto para que no se perdiese una sola de sus palabras. A medida que avanzaba, iba subiendo el tono más y más:

—Escucha con atención: en el viaje al revés de la barriga, debemos avanzar para retroceder porque si retrocediéramos jamás llegaríamos —su voz, al gritar, era tan aguda como la cuerda de un violín—. ¿Está claro?

Nix había cerrado con fuerza los ojos y se tapaba las orejas con expresión de dolor.

—¿Qué te pasa ahora? —dijo el cuco.

Como la niña no contestaba, le picoteó las manos hasta que las bajó.

—¡Para, para, por favor! —suplicó Nix—. ¡Me van a estallar los oídos!

El pájaro solfeó varias veces la escala arriba y abajo hasta que, finalmente, se detuvo en un grave y sólido *fa*:

—Do re mi fa sol la si do. Do si la sol fa... fa fa fa fa. ¿Así?

La niña asintió aliviada.

—Fa fa fa... —tarareó el cuco—. ¿Sabes que faaaa es «lejos» en inglés?

La niña negó con la cabeza.

—¡Yo no sé qué os enseñan en los colegios hoy en día! —refunfuñó el pájaro.

—¿El lugar adonde vamos está lejos? —preguntó Nix, esforzándose en no irritarlo—. ¿Está faaaa?

—No preguntes más y escucha con atención porque no lo repetiré: en el viaje al revés de la barriga, la meta es el origen. El lugar adonde vamos es el lugar de donde venimos. Ahí donde el viaje termina, empieza porque ahí donde empieza, termina. —El cuco tomó aire con expresión satisfecha—: Ahora sí lo has comprendido, ¿verdad? Más claro, imposible.

Nix movió despacito la cabeza para decir que no. El cuco aleteó con resignación:

—En fin, tú sígueme, yo seré tu guía. Te ayudaré a atravesar la Primera Puerta y te conduciré hasta la Segunda Puerta. Allí te dejaré y tendrás que seguir sola porque sólo tú puedes continuar hasta el final.

—¿Sola? —exclamó Nix.

—Cucú cu-cuando lleguemos, me iré. La Segunda Puerta la tendrás que atravesar sin mí. Nadie más que tú puede entrar al lugar donde te llevaré. A partir de ese momento estarás sola y sola tendrás que salir porque sola hiciste tu Primer Viaje.

—¿El Primer Viaje?

—No me interrumpas. Hace seis años, al nacer, emprendiste tu Primer Viaje. Cuando saliste de la barriga, tu madre china te aguardaba fuera. Tú no la habías elegido, pero estaba allí, esperándote. Siempre sucede así: nadie elige la familia en la que nace. Ahora será distinto. Vas a nacer de nuevo y serás tú quien escoja una madre, un padre, una familia, un hogar. Dos nacimientos —el cuco extendió dos plumas en el extremo del ala derecha—, dos destinos —y extendió dos plumas en el extremo del ala izquierda.

—¿Voy a nacer otra vez? —Nix tenía abiertos sus ojos mayúsculos—. ¿Voy a nacer de un huevo? ¿Puedo?

—Cucú cu-cuánta paciencia requiere este trabajo. ¡Claro que no vas a nacer de un huevo! Para nacer por segunda vez necesitas volver a la barriga de tu madre de la barriga. Por eso estoy aquí. Eres muy afortunada, todos los humanos desean regresar, pero ninguno lo ha conseguido jamás. El viaje al revés de la barriga requiere un guía cucú cu-cualificado. Ése soy yo. ¿Estás preparada?

Nix contempló al cuco como si lo viera por primera vez.

—Tú eres el extraño pájaro que debía conducir a Nixbad la marinera por el laberinto hasta la barriga.

—Cucú cu-cuanto más hablas, menos te entiendo. ¿Yo soy un pájaro extraño? ¿Extraño? ¿Yo? Extraño es lo que tú dices. Lo que oigo no tiene ni pies ni cabeza.

—Lo dijo el adivino.

—Cucú cu-cuarenta picotazos daré a quien se atreva a llamarme extraño, por muy adivino que sea. Y ya basta de perder el tiempo. Recuerda que prometiste obedecerme: sígueme.

En los ojos negros del cuco había un brillo de locura. Cada vez que se clavaban en la niña parecían unirse en un inmenso agujero tan oscuro que Nix sintió vértigo y volvió la cabeza para evitar caer dentro. Su deseo de regresar a la barriga de la madre de la barriga iba a hacerse realidad y, sin embargo, no estaba contenta. Tenía miedo. Un miedo terrible. ¿Cómo podía fiarse del cuco, un pájaro que abandona sus huevos en otro nido con otros padres y se marcha cantando su alegre cucú? Si se comportaba así con sus crías, ¿por qué no iba a engañarla a ella y llevarla al lugar equivocado? Podía conducirla a la barriga de una leona. O introducirla en el huevo de una tortuga.

O guiarla al interior de una semilla para que creciera, en el verde vientre, como un fruto.

—Cuco, perdón, Señor Guía, ¿puedo hacerte una pregunta? Será la última, te lo prometo.

—...

—¡Señor Guía!

El cuco estaba muy atareado revisando el resorte que le unía al reloj y ni siquiera alzó la vista. La niña le cogió la cabecita con un dedo y la giró hacia ella para que le prestara atención. El cuco se sacudió indignado y amenazó a la niña con el pico:

—¡Diablos! Como vuelvas a hacer eso, me doy la vuelta y regreso a mi casa.

Nix se enfadó:

—Pues váyase, que ya encontraré otro guía más simpático. Una cigüeña o un pelícano o una golondrina. Cualquier pájaro antes que un cuco.

—¿Cucú cu-cualquier pájaro? Sólo los cucos estamos autorizados para hacer de guía en el viaje al revés de la barriga. Sólo los cucos estamos cucú cu-cualificados.

—Ah, ¿sí? ¿Y eso quién lo dice?

—¡El Tribunal! ¿Quién, si no, ha resuelto las preguntas fundamentales? ¿Quiénes somos? ¿De dónde venimos? ¿Adónde vamos? Esas cuestiones llevaban flotando en el aire durante siglos y nadie había logrado responderlas. Pero el Tribunal cogió la solución al vuelo: para saber quiénes somos y adónde vamos es preciso conocer el lugar de donde venimos. Pero el viaje al lugar de donde venimos sólo es posible con un guía. Es así, ¿verdad?

El cuco se detuvo y miró expectante a la niña, que se encogió de hombros.

—El Tribunal planteó entonces la pregunta que permitiría resolver las otras tres incógnitas: ¿Con quién? Nadie la había formulado antes y los miembros del Tribunal celebraron su hallazgo. ¿Quiénes somos? ¿De dónde venimos? ¿Adónde vamos? ¿Y con quién? Por fin estaba todo claro. Entonces...

El cuco estaba a punto de embarcarse en uno de sus interminables monólogos cuando la niña lo interrumpió:

—¿Con quién?

—¡Con un cuco!

—¿Por qué con un cuco?

—Porque nosotros ganamos el concurso.

—¿Qué concurso?

—El concurso que convocó el Tribunal.

—¡Sería un Tribunal de Cucos! —se burló Nix.

El pájaro le apuntó con el pico puntiagudo:

—¡Chitón! Será mejor que te cuente cómo sucedió, pero si ves pasar el tiempo, deberás entretenerlo hasta que yo termine mi relato.

—Si pasa el tiempo no podré detenerlo porque no lo reconoceré. Yo no sé cómo es.

—¡Eso es imposible! —exclamó atónito el cuco.

—De verdad, te lo prometo. No sé cómo es el tiempo.

—¡Diablos! ¡Deja ya de quejarte! ¡Los demás también tenemos problemas! Escucha con atención: el tiempo son las horas en movimiento y las horas nunca van andando, sino que andan siempre corriendo. ¿Está claro? En cuanto las veas, no importa lo deprisa que vayan, debes detenerlas. ¿Tienes algún problema más o podemos empezar con la historia?

Nix no estaba nada segura de poder reconocer las horas, aunque pasaran corriendo. Pero, antes de que hubiera podido contestar, el cuco ya había comenzado a hablar:

—Los pájaros regresamos cada año al lugar donde una vez fuimos felices, así que nadie mejor que nosotros podía servir de guía en un viaje de esas características. El Tribunal nos convocó, planteó el viaje al interior de la barriga y expuso las condiciones indispensables que debían reunir los candidatos: pericia en el vuelo, resistencia y un tamaño no muy grande que permitiera adentrarse en el Canal. Aunque no existían experiencias previas, ninguno de nosotros desconocía los peligros que entraña pasar de un espacio abierto a otro cerrado. Era preciso abandonar nuestro mundo para entrar en otro desconocido y, sin embargo, todos deseábamos participar. Aquél era un pequeño viaje para un pájaro, pero prometía ser un viaje extraordinario para las aves. Cada especie seleccionó a los mejores y éstos tuvieron que someterse a arduas pruebas psicológicas, físicas y de conocimiento. Muchos candidatos fueron eliminados y otros decidieron no continuar. Cucú cu-cuando finalizaron las pruebas sólo quedaban el colibrí y el cuco, y ya sabes quién ganó.

El cuco se detuvo teatralmente y concluyó desafiante:

—Así que si quieres hacer el viaje no hay más guía que YO.

—¿Cómo ganó el cuco al colibrí? —preguntó Nix, recelosa.

—¡Con su arte! —El cuco echó una ojeada alrededor—: ¿Has visto pasar las horas?

La niña negó con la cabeza y, al hacerlo, no mintió porque no había visto nada. El cuco se recostó en su muelle placenteramente.

—Entonces tenemos tiempo. ¿Quieres que te cuente cómo ganó el cuco al colibrí?

Nix asintió.

—Los dos finalistas tuvieron que defender su candidatura ante el Tribunal y delante de un numeroso público. Primero fue el turno del colibrí. Ese pájaro afirma que en sus plumas están todos los colores del arco iris, pero es tan chiquitito, tan poca cosa, que los miembros del Tribunal bizqueaban para distinguirlo y, aun así, tan sólo apreciaron un punto de color rojo brillante, que resultó ser su pescuezo. Aquella mota colorada permaneció inmóvil en el aire durante todo el discurso, como si estuviera suspendida en el vacío. Esto fue lo que dijo:

«Tengo razones fundadas para creer que yo debo ser el guía en el viaje al revés de la barriga. Soy el único pájaro del mundo que puede volar hacia atrás y, por tanto, garantizo el regreso al origen en el mínimo tiempo y con la máxima rapidez. Soy además el pájaro más pequeño del mundo: nazco de un huevo del tamaño de un guisante, crezco en un nido del tamaño de una nuez y cuando soy adulto soy tan diminuto que puedo introducirme en cualquier lugar. Y me gustaría añadir, para terminar, que una vez que inicio el vuelo jamás me detengo por grandes que sean las dificultades, los peligros o el propio miedo, porque si me parase moriría.»

Así habló el colibrí antes de ceder su lugar al otro finalista. El cuco revoloteó ante el Tribunal y el público de modo que todos pudieran apreciar sus fuertes alas pardas antes de posarse en una rama. Es cierto que era menos bonito que el colibrí, pero al menos no hacía falta un microscopio para verlo. Era su turno y esto es lo que dijo:

«Aunque el colibrí sea minúsculo, las razones que ha expuesto son mayúsculas. Yo podría hablarles de la antigua e importante relación que los cucos mantenemos con los humanos. Detrás de sus grandes amores y de sus obras de arte siempre hay un cuco. Hemos inspirado a cineastas geniales como cucú cu-Cukor o cucu cu-Kubrik; movimientos pictóricos como el cucú cu-cubismo;

músicos como cucú cu-Kool and the Gang o ese catalán tan simpático, cucú cu-Cugat... Eso sin olvidar nuestra influencia en los asuntos del amor, pues somos parientes de cucú cu-Cupido. Pero, lamentablemente, nada de eso importa al lado de los deslumbrantes argumentos del otro candidato.»

El cuco tomó aire y miró modestamente alrededor:

«Como pueden apreciar, soy de mayor tamaño que el colibrí y, por más que me esfuerce, nunca seré capaz de volar hacia atrás. Muchos de ustedes pensarán que si me encontrase ante un peligro mortal, nada me impediría detener mi vuelo, cancelar la misión y regresar. Es cierto y, sin embargo, permítanme que les asegure que eso jamás sucedería porque nadie mejor que los cucos comprende la importancia de este viaje.»

El cuco abombó el pecho, ahuecó la voz y clavó sus ojitos negros en Nix:

«Nuestros padres fueron adoptados, nosotros somos adoptados y cuando nuestros hijos nazcan los daremos en adopción. Los colibríes desconocen lo que significa crecer en otro nido con otros padres. Nosotros, sí. ¿Qué cuco no ha sentido alguna vez un terrible vacío mientras crecía en su nido adoptivo? ¿Qué cuco no ha soñado alguna vez con encontrar el primer nido? ¿Qué cuco no se ha sentido dividido entre el amor a sus padres adoptivos y el deseo de regresar con sus padres primeros? Yo os pregunto: ¿qué cuco no ha sufrido? Sólo nosotros, los cucos, sabemos lo que significa ese tormento y por eso sólo nosotros debemos ayudar a otros a hacer realidad su deseo.»

Cucú cu-cuando el cuco calló, en el silencio se escucharon los gorjeos conmovidos del público y de los miembros del Tribunal. Muchos batieron las alas y el presidente tuvo que carraspear varias veces antes de pronunciar su veredicto.

La dulce voz del cuco vibraba de emoción cuando finalizó de contar a Nix su relato.

—Lo que sucedió a continuación ya es historia. ¡Cucú cu-cuántas veces habré repetido este discurso y todavía se me ponen las plumas de punta al contarlo!

El cuco extendió las alas para que la niña comprobara lo que decía y ella, confundiendo el gesto, lo abrazó.

—Ejem, ejem —tosió el pájaro, turbado, y aleteó para alejar a la niña, pero a ella no le molestó. Entendía su vergüenza y sintió hacia él una repentina ternura.

—Entonces, ¿lo que me pasa a mí te pasa a ti? —le preguntó.

—¿No será que te pasa a ti lo que me pasa a mí? —contestó el cuco.

—Sí.

—Pues ya está —dijo el pájaro, dando por zanjado el tema—. Deprisa, deprisa o será demasiado tarde. ¿Estás preparada?

Nix no contestó. Aquel discurso había despertado dentro de ella las sombras, que ahora se agitaban repitiendo como un eco las palabras del cuco: vacío, encontrar, tormento, deseo... Las preguntas se agolpaban en su corazón angustiado, pero una de ellas se abrió paso hasta su boca:

—¿Por qué te abandonó tu madre?

—Mmmm —farfulló el cuco.

Nix no supo si había dicho algo o había simplemente gruñido porque había enterrado la cabeza bajo las alas.

—¿Por qué te dejó tu madre en otro nido? —insistió la niña.

El cuco sacó la cabeza y farfulló de nuevo. Llevaba

enganchada en el pico una latita de aceite con la que empezó a engrasar el muelle.

—¿Por qué te abandonó tu madre de la barriga, perdón, tu madre del huevo? Quiero decir, la señora cuca. Perdón, la señora madre del Señor Guía.

El cuco seguía trabajando en silencio.

—¡Escúchame, que te estoy hablando! ¿Por qué te abandonó tu madre?

El pájaro soltó la latita de aceite:

—Mi madre no me abandonó: eligió con mucho cuidado a mis padres adoptivos y el que sería mi nido.

—¿Y se despidió de ti?

—No pudo, yo estaba dentro del huevo. Cuando nací, pensé que mis padres eran los que estaban en el nido. Nadie me dijo lo contrario.

—Pues no decir la verdad también es una mentira. Así que tu madre te mintió.

—¡Por supuesto! —exclamó el cuco con orgullo—. Los cucos somos artistas y los artistas mienten.

—¿No te importa que tu madre te mintiera?

—Claro que no. El arte es una mentira y mi madre era una artista insuperable. ¡Una diva! —dijo el pájaro entre dientes, ocupado de nuevo en engrasar el muelle.

—Pues tu madre sería una gran artista, pero te abandonó.

El cuco guardó la lata de aceite dentro de la casita del reloj y contestó con desdén:

—¡Cucú cu-cuentos! ¡Chismes! ¡Habladurías! Mi madre se debía a su arte y a su público, pero no me abandonó: buscó para mí una familia muy buena, la mejor. Los artistas no pueden ocuparse de los hijos como hace la gente corriente.

Nix frunció el entrecejo. A ella no le importaba si la

madre del cuco era o no era una artista. Pero sí le importaba, y mucho, otra cuestión.

—¿Así que los cucos sois unos mentirosos?

—Ya te lo he dicho, el arte es una mentira, y los cucos somos excelentes artistas. Nuestro canto goza de fama internacional. Cucú cu-cuantos nos oyen nos admiran.

—Entonces, ¿es mentira que el Tribunal eligió a los cucos como guías?

—En manos de un artista, la mentira se transforma en verdad y la verdad, en mentira.

—Pero ¿eso que me has contado sucedió o no sucedió en realidad?

—Realidad, fantasía... ¡Qué más da! ¿A ti te ha gustado mi historia?

—Sí.

—A mí también, es una hermosa historia. Ahora sígueme antes de que el tiempo se nos escape.

La niña no se movió. Si el cuco era un mentiroso, lo que decía era falso y, por tanto, no pensaba llevarla a la barriga de su madre de la barriga. Pero si los cucos eran unos mentirosos, él no mentía al afirmarlo. Así que mentía y no mentía al mismo tiempo. ¡Menudo lío! ¿Cómo averiguar cuándo mentía y cuándo decía la verdad? Nix se puso en jarras frente al cuco:

—¿Adónde me quieres llevar?

—Al lugar donde todo empezó para ti.

—¿A China?

—A la barriga de tu mamá de la barriga.

—¿Has hecho ese viaje antes con otros niños?

—¡Basta! ¡Basta! Ya he contestado dos preguntas y no contestaré más. Es evidente que no eres puntual como un reloj porque no eres un reloj, pero si continúas demorándote, nos cerrarán la Primera Puerta. ¿Estás preparada?

—¿Dónde está la Primera Puerta? —Nix miró alrededor con desconfianza—. ¿Es la puerta de mi habitación? ¿Es la puerta de casa? ¿Es la puerta del portal?

—¡Chitón! ¡A callar! ¿Crees que tengo todo el día para contestar? Llegaremos tarde por tu culpa.

—¿Por mi culpa? Si llegamos tarde será porque tú te vas siempre por las ramas.

—¡Por supuesto que me voy por las ramas! Soy un pájaro. ¡Diablos! ¿Oyes el TAC TIC TAC TIC TAC TIC? ¡Más vale reloj en mano que tiempo volando! No tenemos un segundo que perder. ¡Date prisa o nos cerrarán la Segunda Puerta!

—¿La Segunda Puerta? ¿Y la primera? ¿Ya hemos atravesado la primera? —preguntó Nix confusa.

—Chitón. ¡No distraigas al pájaro guía! ¿Llevo todo? —El cuco se palpó debajo de las alas y Nix escuchó un sonido metálico, como de monedas en los bolsillos—. ¡Diablos! ¿Y la hoja de instrucciones? ¿Dónde está la hoja de instrucciones? ¡Nix! ¡NIX!

Nix pegó un brinco, sobresaltada:

—¡¿Qué?!

—¿Dónde está la hoja de instrucciones que venía con el reloj?

—No sé.

—No sé, no sé, siempre la misma cantinela —refunfuñó el pájaro—. Pues digo yo que a algo sabrás: a chocolate o a vainilla o a fresa o a nata...

—No sé —repitió la niña, encogiéndose de hombros.

—Pues yo, sí. Yo sé a tila.

—¿Atila? —preguntó Nix, repentinamente animada—. Mi madre siempre está hablando de él. Cada vez que llega del trabajo y entra en mi habitación o en la de

Nox dice que por allí ha pasado Atila. Pero yo te prometo que ese señor nunca ha venido a casa. ¿Tú lo conoces?

El cuco miró a Nix con impaciencia:

—Digo que sé a tila, no Atila.

—Así que sabes Atila y no sabes Atila, pues eso no puede ser.

—¡Ay!, pero ¿qué diablos os enseñan en el colegio? Atila era el rey de los hunos y lo que yo digo es...

Nix le interrumpió:

—Es que a mí todavía no me han enseñado cómo se llama el rey de los unos ni el rey de los doses ni el rey de los treses ni el de los cuatros... Eso se aprende cuando tienes... 15 años.

—¡Los hunos no son los unos! —exclamó el pájaro.

—Ah, claro, los unos no son los unos, tú sabes Atila y no sabes Atila y además eres un mentiroso y no eres un mentiroso. —Nix se colocó el índice en la sien y lo giró como si al cuco le faltara un tornillo.

—¡Brrrrrrr! ¡Tú me estás volviendo loco! —profirió el cuco—. Yo sé a tila porque mi carne es de tilo, un árbol de fresca sombra con flores sedantes y frutos redondos como mazos musicales. Por eso sé a tila. Observa mi pico: ti-la, t-i-l-a.

—Vale, vale, ya lo he comprendido: tila, esa tila, puajjj. —Nix arrugó la nariz, al recordar el brebaje amarillento que le daba su madre antes de ir a la cama para que durmiera tranquila—. ¡La tila está asquerosa!

—Eres una impertinente y una maleducada —exclamó el pájaro muy ofendido y, aunque su voz era dulce, movía el pico y las alas con tanta rabia que hasta el reloj se tambaleó.

El muelle empezó a encogerse llevándose el cuco hacia el reloj. Nix lo veía alejarse y no decía nada, pero cuando estaba a punto de entrar en la casita, lo llamó:

—¡Señor Guía, no te vayas! Perdón, no quería ofenderte. Mi madre dice que la tila es una de las mejores medicinas que existen. Dice que cura las rabietas y el dolor de barriga. Y mi madre también dice que tengo que pensar antes de hablar.

—Deberías hacer caso a tu madre —rezongó el cuco, pero lo dijo aproximándose de nuevo a la niña—. Si no estuviera hecho de tilo, hace tiempo que habría perdido los nervios y me hubiera largado. ¡Diablos! Me sacas de mis casillas, pero tengo una misión que cumplir. ¿No oyes el reloj? Debemos darnos prisa. ¿Dónde está la hoja de las instrucciones? No podemos partir sin ella. Rápido, Nix, haz lo que te mando sin rechistar: busca esa hoja y no pares hasta encontrarla.

El cuerpo del pájaro giraba en todas direcciones, oteando cada rincón.

—Ahí está, en el suelo —y señaló una esquina con el ala derecha—. Escucha: guar... GGGG...

El cuco se había quedado dormido, pero en esta ocasión no roncaba. De su garganta escapaba un extraño ruido, como si se estuviese ahogando. La niña le dio unos golpecitos en la espalda, el pájaro abrió los ojos y rompió a toser hasta que escupió la palabra: «Guárdala.»

—¡Diablos! Por poco me ahogo. Cucú cu-cuán peligroso es quedarse dormido con una palabra en la boca. Gracias, Nix, me has salvado la vida.

—Pero, Señor Guía, no lo entiendo: ¿cómo puedes dormir si tienes tanta prisa?

—El largo camino que he recorrido para llegar hasta aquí me ha agotado. ¡Y este perfume a tila es tan relajante! —el cuco bostezó ruidosamente y, al verlo, Nix no pudo evitar bostezar también. Y, como los bostezos son contagiosos, así estuvieron ambos un buen rato: cerrando los ojos y abriendo mucho la boca y el pico mientras bostezaban una y otra vez—. Si pudiese perder un solo segundo para dormir una breve siesta —suspiró el cuco—, pero no hay... ZZZZ...

—¡CUCO! —gritó Nix, que había dejado de bostezar tan pronto el pájaro cerró los ojos y el pico.

—... tiempo. ¡No hay tiempo!

Avergonzado por haberse dormido de nuevo, el cuco miró a la niña y le preguntó con tono acusador:

—Pero ¿qué haces ahí parada? Vamos a llegar tarde.

Nix dio una patada en el suelo.

—¿Por qué estás siempre de mal humor?

—¿Y cómo estarías tú si te despertaran cada vez que te quedaras dormida?

Era imposible mantener una conversación normal con aquel pájaro loco, así que Nix no contestó.

—Guár... da... la —dijo el cuco escupiendo lentamente la palabra para no atragantarse, mientras señalaba la hoja de instrucciones que estaba en el suelo—. Cucú cu-cuando estés en la barriga, la necesitarás.

—¿Y cómo sabré que ésa es mi barriga? —dijo la niña, mientras doblaba la hoja y la metía en el bolsillo de su pijama rosa.

—Cucú cu-cuando llegues al lugar donde comenzó tu viaje, lo reconocerás de inmediato. Rápido, rápido, sígueme.

La niña no se movió. Recordaba las palabras del adivino sobre los peligros que acechan en el laberinto, pero sobre todo temía alejarse de su hogar y de su familia. Desde que sus padres fueron a buscarla al orfanato jamás se había separado de ellos. En los últimos tiempos los había amenazado a menudo con regresar a China, pero eran sólo palabras. Ahora que debía partir, la sola idea de apartarse de su madre la paralizaba. Era un dolor que la vaciaba, dejando dentro de ella el silencio sobrecogedor que el hielo deja en los campos.

—¿Y si mamá entra en mi cuarto y yo no estoy?

—Aunque tú estés viajando conmigo, ella te verá en la cama y pensará que duermes. Lo que sucederá cucú cucuando despiertes, eso ya no lo sé.

—Tengo miedo.

—No estarás sola, yo iré contigo. Te acompañaré hasta la Segunda Puerta.

Nix miró implorante al cuco:

—Señor Guía, no quiero quedarme sola en la Segunda Puerta. ¿No puedes entrar conmigo y acompañarme hasta el final del viaje? Seré obediente y no protestaré, te lo prometo.

—¿Cucú cu-cuándo vas a callar? ¡Fíjate lo tarde que es!

Nix miró el reloj, pero era imposible saber la hora porque los números se habían caído, igual que antes las manecillas. Sólo quedaba la esfera blanca como el ojo redondo de un túnel.

—Señor Guía, han desaparecido los números.

El cuco refunfuñó:

—Los números, los números... ¿Qué importan los números? Ese reloj marca el tiempo que el bebé pasa en la barriga, y ese tiempo es distinto para cada niño: 36 semanas o 37 o 38 o 39 o 40... ¡Yo qué sé! Algunos permanecen más días en la barriga y otros, menos. Y luego hay quien cuenta el tiempo en meses solares y hay quien lo cuenta en meses lunares. Yo personalmente, como cuco, prefiero guiarme por la luna. Es hermoso volar en noches de luna llena, llena como la esfera de ese reloj, un reloj... ¡Diablos! ¡El reloj! ¿No oyes el TAC TIC TAC TIC TAC TIC? Te advertí de que no perdieras el tiempo, pero lo has dejado escapar y ahora el tiempo no corre, vuela. Si no conseguimos alcanzarlo, llegaremos tarde y la puerta se abrirá sin nosotros. A no ser que...

El cuco sacó de debajo de las alas dos largos pinchos que tendió a Nix. Parecían agujas de punto, pero eran las manecillas del reloj.

—... te pongas ahora mismo a hacer tiempo para que podamos ir con tiempo y lleguemos a tiempo.

—Pero, Señor Guía, yo no sé hacer tiempo.

—Entonces tenemos que apresurarnos.

El cuco guardó las manecillas y abrió sus alas pardas para iniciar el vuelo. Nix se palpó con manos temblorosas los restos puntiagudos de las alas que sobresalían en su espalda.

—Yo ya no tengo alas. No puedo volar.

—No importa. Sígueme —ordenó el cuco.

Nix empezó a guiñar los ojos. Se tumbó boca abajo en el suelo, pues no hay nada más sólido y seguro cuando uno está nervioso, y cerró los párpados. Deseó que todo fuese un sueño y que al despertar estuviera su madre sentada a su lado, calmándola. Pero cuando abrió los ojos, el cuco seguía ahí, esperando.

—Pero, ¿esto es real? —dijo la niña.

—No es real, pero es verdad —contestó el cuco con su voz melodiosa.

La niña empezó a respirar agitadamente. Ella, que creía que el secreto de la felicidad de sus amigos era que les bastaba alargar el brazo para tocar el lugar de donde venían; ella, que pensaba que su angustia y su rabia desaparecerían si pudiera regresar a la barriga de su madre de la barriga; ella, ahora, no sabía qué hacer.

—No sé qué hacer —se lamentó.

Entonces escuchó:

—Psss! Psss!

En la penumbra del dormitorio se alzaba la mole tranquilizadora del Armario de las Lenguas. Sus puertas aleteaban agitadas y dejaban escapar voces enérgicas:

—PSSS! PSST! PSIU!

Nix corrió a abrir el Armario en busca de ayuda.

—¿Qué hago? ¿Qué hago? —preguntó.

Colgadas en sus perchas, las lenguas empezaron a discutir acaloradas: que se quede, que se vaya, que si es el cuento de irás y no volverás, que si viajar es un signo de inteligencia, que si tarde o temprano todos tenemos que partir, que si en ningún lugar se está como en casa, que si siempre es preciso dar un primer paso sea el viaje corto o largo...

La cría se sentó en el suelo. Parecía tan abatida que la lengua china se compadeció de ella:

—X(u) —chistó a las demás, reclamando silencio—. Nix, yo no sé la respuesta, pero sé un chiste muy gracioso que habla de un viaje. Escucha: estaban unos niños jugando en el parque cuando llegó su madre y les ordenó que no jugaran en la tierra. Vale, dijeron los niños, ¡y se fueron a jugar a la luna!

—¡A la luna! Rá rá rá. ¡Se fueron a la luna! —se rió la lengua portuguesa, que estaba colgada junto a ella.

Las demás lenguas no hicieron ni caso y siguieron discutiendo: que si el cuco era un gran artista, que si era un pájaro de mal agüero, que si era un conocido tenor, que si era un cantamañanas...

—No hagas caso a esas chismosas —las interrumpió con desdén el pájaro—. Allí donde vas sólo te hará falta la lengua del viaje al revés y ésa ya la llevas en la boca. Debemos partir: vamos contrarreloj.

El cuco extendió las alas y, tal como acababa de decir, se lanzó volando contra el reloj. «Se va a estrellar», pensó Nix, al ver cómo se aproximaba a toda velocidad a la blanca esfera. Pero el cuco no chocó, sino que se introdujo en ella igual que un tren en la boca redonda de un túnel. El muelle en el que iba montado empezó a estirarse más y más. Ya casi no se lo veía cuando giró la cabeza y gritó a Nix:

—¡El tiempo vuela! ¡Sígueme!

XVI

EL CANAL

Nix siguió al cuco lo más deprisa que pudo. Atravesó una puerta abierta y luego otra y otra y otra más sin detenerse. Pasó corriendo a través de cientos de puertas. Las había cuadradas y redondas, en forma de triángulo y de pirámide, de cristal, de madera, de hueso, de piedra... Eran tantas las formas y materias, tan diversos los tamaños y colores que sería imposible describirlas todas. El reloj hacía TAC TIC TAC TIC TAC TIC al ritmo del corazón. De un corazón que latiera al revés, claro. Cuando Nix alcanzó al cuco, él la estaba esperando delante de una puerta pequeñita, protegida por un poblado bosque.

—¡Ah! —dijo el cuco con su dulce voz—. La misma agradable penumbra que en la Selva Negra. *Meine Schwarzwald*. Allí las ramas de los árboles se abrazan sobre los caminos en sombra. *Wunderwald!*[1]

—Señor Guía... —la niña jadeaba tras la larga carrera—. Dijiste que sólo había dos puertas...

1. ¡Qué maravilla!

—La vida está llena de puertas, es imposible esquivarlas. Pero la mayoría no significan nada; tan pronto las atraviesas, las olvidas. Esta que tienes delante sí es importante. Mírala bien: es la Primera Puerta.

El pájaro introdujo una llave en la cerradura y forcejeó para abrirla sin conseguirlo:

—No lo entiendo.

Sacó la llave de la cerradura, la acercó a sus ojos y la miró con atención:

—¡Diablos! ¡Aquí no pone Nix!

De debajo del ala sacó un aro de metal del que colgaban miles de llaves.

—A ver, a ver. Aquí están las llaves para dar cuerda, las llaves de paso, las llaves inglesas, las llaves maestras, las llaves dobles... ¡Ah! Ésta tiene que ser.

Extrajo una llave minúscula del manojo, miró el nombre grabado en la cabeza, la metió en la cerradura y la puerta se abrió suavemente. El cuco se adentró volando mientras el muelle se estiraba más y más.

—¡Señor Guía! ¡SEÑOR GUÍA! —voceó Nix, pues ya no lo veía.

El resorte se encogió y el cuco reapareció ante ella:

—Deprisa, deprisa, el tiempo vuela.

—No puedo seguirte, soy demasiado grande para pasar por esa puerta.

—Sí puedes, ya lo hiciste una vez. Entonces eras más pequeña que ahora, eras más pequeña que tu hermana Nox, eras tan pequeña como el hermano pequeño de Kim. Y eso aún parece grande para esta puerta, pero tú conseguiste pasar a través de ella.

—Pero ahora soy mayor —replicó la niña.

—Cucú cu-cuando crezcas más aprenderás que el espacio y el tiempo son relativos. Ahora haz lo que te digo y sígueme.

Nix miró aquella entrada diminuta, apenas visible entre la espesura, y movió de un lado a otro la cabeza.

—No, seguro que no voy a poder pasar.

—Meter la cabeza es siempre lo más difícil, pero debes esforzarte porque sería descabezado dejarla fuera. Dime: ¿de qué te serviría el cuerpo sin la cabeza?

La niña observó la oscuridad que aguardaba tras la puerta y movió de nuevo negativamente la cabeza.

—No te inquietes —dijo el cuco—, yo voy contigo, recuerda que soy el guía del viaje al revés de la barriga.

Nix no apartaba la vista de aquella negrura amenazadora.

—¿Ahí dentro está la barriga de mi mamá de la barriga?

—Sí-sí.

—¿Mi barriga? —insistió la niña, con un tierno temblor en su voz.

—¡Diablos! Se está haciendo tarde, deprisa, deprisa, cierra los ojos y entra.

Nix era una niña fuera de lo común. Por grande que fuese su miedo, siempre era mayor su determinación. Tragó saliva, cerró sus ojos mayúsculos y entró.

La puerta se cerró tras ella.

Cuando abrió los ojos, no vio al guía. En realidad, no veía nada. Aproximó las manos a su cara y ni siquiera las distinguió. El aire era negro como la tinta y en tinta parecía estar sumergida. Tanteó las tinieblas: delante sólo encontró vacío, pero al abrir los brazos sus manos tropezaron con paredes de cálido tacto. No eran rígidas, sino acolchadas y cedían suavemente a su presión.

—¡Señor Guía! ¡SEÑOR GUÍA!

Un sonido irrumpió en la oscuridad igual que un tren al entrar en la estación: FIUUUUUUUUUUUU. La niña se apretó contra la pared, temiendo ser arrollada, pero entonces se hizo el silencio y resonó una voz:

—¿Cucú cu-cuándo piensas venir?

Nix se asustó tanto que pegó un alarido.

—¡No grites así que me vas a dejar sordo! —exclamó la voz—. Soy el cuco, no el coco.

Nix giró en la oscuridad intentando localizar al pájaro, pero era imposible saber de dónde venía la voz y de dónde el eco.

—¡Diablos! No podemos detenernos cada minuto. ¡No podemos! Tenemos que recorrer el Canal antes de que nos cierren la Segunda Puerta.

A ciegas, sin saber si estaba frente a él o si él estaba a su espalda, la niña preguntó:

—¿Canal? ¿Qué canal?

—Este canal: el camino que recorriste para pasar de la barriga al mundo. Deprisa, deprisa —la urgió el cuco.

—Pero no veo nada.

—Cucú cu-cuando tú lo dices, verdad será. ¡Sígueme!

—¿Cómo voy a seguirte si no te veo? ¿No puedes encender una luz? ¡No veo nada!

—¿Qué más da que tú no veas? YO sí que veo y con que vea yo, basta. Soy un cuco de la Selva Negra. *Schwarzwald* —la palabra alemana llenó el túnel como una pompa de jabón negro—. Bosques y más bosques y, en los bosques, abetos y más abetos; tantos, que convierten el día en noche. Por eso para mí la noche es día.

El muelle empezó a estirarse de nuevo, llevándose la voz:

—Tú no ves porque eres una niña-golondrina y las golondrinas viajan de día. Pero nosotros, los cucos, viajamos de noche. Rápido, no te demores, sigue al pájaro guía.

Las palabras rebotaban en la negrura como un eco y, en ese ir y venir, se aproximaban y se alejaban, fantasmales y deformadas.

—¡Señor Guía! ¡No te vayas!

El cuco siguió hablando sin detenerse, pero cuanto más se alejaba en la oscuridad, más tenue era su voz:

—Escucha, escucha: no tengas miedo a perderte. En el Canal no existen desvíos ni atajos: sólo hay un camino, este camino. Escucha, escucha: no tengas miedo a tropezar y caer. En el Canal no hay socavones ni trampas ni abismos.

Y con un FIUUUUUUUUUU, la voz enmudeció.

Nix se confió a las tinieblas y empezó a gatear hacia arriba. El Canal parecía un tubo redondo, estrecho y en pendiente, como un tobogán. Con los brazos extendidos, la niña iba ensanchando el túnel, igual que un topo bajo tierra. Sus manos empujaban las paredes y las abrían para que pasaran a continuación la cabeza y el resto del cuerpo. La superficie era mullida, pero sólida, y Nix avanzaba trabajosamente. Sudaba por el esfuerzo y por la alta temperatura que hacía allí dentro. El aire entraba trabajosamente en sus pulmones como una gasa húmeda y caliente. No puedo más, se dijo, y se quitó el pijama. Pero no se olvidó de la hoja de instrucciones y la metió dentro de sus braguitas antes de seguir ascendiendo.

Hasta ella llegaba la voz del cuco, que no cesaba de refunfuñar:

—Cucú cu-cuanto más recorro este Canal menos entiendo cómo nacen los humanos. ¡Con lo fácil que es romper una cáscara y salir del huevo! Pero a ellos no les gustan las cosas sencillas, no; ellos prefieren abrirse camino en un pasadizo tan angosto como un sombrero apretado. ¡Y esta humedad! ¡Esta humedad no es buena para un cuco de madera! Como siga hinchándome me quedaré encajado como el tapón de una botella. La próxima vez que haya que recorrer un Canal, que llamen a un cuco de Venecia.

Iba tan ensimismado protestando que no percibió cómo el Canal formaba un recodo y a punto estuvo de darse de bruces con una pared.

—¡Cucú cu-cuidado con la curva, Nix! Gira la cabeza si no quieres quedar atascada.

Su voz llegaba hasta la niña cada vez más débil, pues el cuco avanzaba a gran velocidad. Nix se apresuró para alcanzarlo. Se adentraba en el túnel lo más rápidamente que podía a cuatro patas. De vez en cuando se detenía para recuperar el aliento y entonces, en medio de la oscuridad, llamaba a gritos al cuco para ahuyentar el miedo:

—Señor Guía, ¿dónde estás?

—Aquí estoy —contestaba el cuco desde algún lugar por encima de su cabeza.

—Señor Guía, ¿estás ahí? —volvía a preguntar la niña.

—Sí-sí, sigue mi voz.

Y así, entre preguntas y respuestas, Nix iba avanzando a tientas por el sofocante camino ascendente.

—Señor Guía, ¿a ti te gustaba tu segundo nido?

—Sí-sí, era muy cómodo.

—¿Y te gustaban tus padres?

—Sí-sí, eran muy cariñosos.

—¿Tus padres adoptivos eran relojeros?

No hubo respuesta. El cuco unas veces contestaba y otras, no. Nix sospechaba que aprovechaba la oscuridad para echar breves cabezadas. Por si acaso se había dormido, la niña gritó aún más fuerte:

—¿Y tus hermanos? ¿Te gustaban tus hermanos?

El cuco, esta vez, sí respondió:

—Los tiré del nido.

—¡¿Qué?!

Nix se detuvo y miró fijamente hacia arriba intentando localizar al pájaro, pero el aire era tupido e impenetrable como un sudario negro.

—¡¿Tiraste a tus hermanos?!

La voz del cuco descendió melodiosa:

—Sí-sí, los tiré.

Nix recordó el día que le propuso a su madre que devolvieran a Nox.

—¿Por qué los tiraste? ¿No te gustaban? —La niña se sentía asustada y fascinada al mismo tiempo.

—No sé, aún estaban dentro del huevo.

—¿Se murieron?

—No sé, yo estaba en el nido.

—¿Cómo pudiste hacer eso?

—Los cucos somos así.

—¿Así? ¿Qué quiere decir «así»?

—Dentro de una hora quedará una hora menos aquí y también en Sebastopol, llueva, truene o haga sol —contestó enigmáticamente el pájaro.

—¿Qué? ¿Qué quieres decir? ¿Qué quiere decir eso? —preguntó Nix, girando los ojos por si vislumbraba algún resquicio por donde pudiese colarse una gota de lluvia o un rayo de sol, pero alrededor sólo había tinieblas.

—Eso quiere decir que hay preguntas sin respuesta y respuestas sin pregunta.

—¿Cómo?

El cuco ya no respondió. Sola y en medio de la oscuridad, la niña no se atrevió a continuar tras él. No sabía si aquel pájaro loco, que aseguraba que todos los cucos eran mentirosos, decía la verdad o mentía. Ni siquiera sabía si ella estaba despierta o dormida, si ese extraño sueño era real o si la realidad era un sueño. Fuera lo que fuese, decidió salir de allí cuanto antes.

Trabajosamente lanzó una mirada hacia abajo para comprobar si aún distinguía su dormitorio, pero lo que vio fue una profunda caída que se perdía en la negrura. Un fuerte temblor se apoderó de su cuerpo y sus manos sudorosas empezaron a resbalar por las paredes del Canal. Tanteó alrededor en busca de un saliente donde agarrarse, pero no había nada.

—¡Señor Guía! ¡Ayuda!

—Cucú cu-cuanto más me gritas, menos caso te hago —la voz del cuco sonaba muy lejana.

—¡AYUDA! ¡ME CAIGO! —gritó Nix, que se deslizaba túnel abajo.

Con un FIUUUUUUUUUUUUU, el cuco se aproximó a ella a toda velocidad. Antes de que la niña se diera cuenta, había metido el pico en su ombligo y tiraba hacia fuera desenrollando una cuerda, larga y gruesa como la hebra de lana de una madeja. Con un hábil gesto, anudó la cuerda al muelle y, con el pico ya libre, se dirigió a Nix:

—Sujétate a mi cola —ordenó.

Con el corazón brincando de miedo, la niña soltó las manos de la pared y se abrazó al diminuto apéndice del pájaro. Enterró la nariz en aquella madera olorosa y empezó a balbucear. El cuco elevó la voz:

—Levanta la cabeza para hablar.

No volvió a abrir el pico hasta que la niña obedeció:

—Señor Guía...

—Cucú cu-cuéntame ahora.

—¿Y si no me gusta el primer nido?

El pájaro no contestó.

—Tengo mucho miedo.

Una lágrima humedeció las alas del cuco, pero él no protestó.

—Si decides detenerte aquí y volver, nadie lo sabrá nunca y yo no te criticaré —dijo pausadamente.

—No sé qué hacer.

El cuco escuchó el blando sonido del llanto bajo las palabras roncas. Su voz llegó a Nix en un susurro tan suave como si una pluma rozara su oído:

—Confía en tu corazón.

La niña reposó la cabeza sobre el cuerpo del pájaro y cerró los ojos. Las lágrimas le bañaban la cara y caían sobre el cuco, que se iba hinchando con cada gota, igual que se dilata con los latidos el corazón. La humedad hacía más intenso el aroma a tila, su fragancia suave e hipnótica. Cuando Nix abrió los ojos de nuevo, sintió una tranquilidad desconocida.

—¿Estás preparada? —preguntó el cuco.

—Sí.

—Cucú, cu-cuando quieras.

Nix empezó a gatear sin pensar en otra cosa que en seguir la voz del cuco que la guiaba al origen.

«La vida sólo puede entenderse volviendo atrás...»

La niña gateaba por la estrecha galería, siguiendo aquella dulce voz como si fuese el hilo de una madeja:

«...pero hay que vivirla mirando adelante».

No sabía si avanzaba o retrocedía, pues desconocía si

delante era detrás y detrás, delante. Las paredes elásticas y esponjosas se ajustaban a su cabeza y a su cuerpo como una segunda piel y, lejos de detenerla, la impulsaban. A medida que avanzaba, la oscuridad se iba aclarando. Donde antes sólo había tinieblas ahora flotaba una aterciopelada luz rojiza.

La voz del cuco llegaba hasta ella:

«Escucha, escucha los latidos del corazón porque éste es, ha sido y será tu primer reloj.

Escucha, escucha el rumor de la sangre y el fragor del aire porque son la vida que da vida a tu cuerpo.

Escucha, escucha los murmullos, zumbidos, explosiones y bisbiseos porque así suena la sala de máquinas que atiende a tu cuerpo.

Escucha, escucha el ronroneo de las voces que vienen de fuera porque afuera pronto regresarás.

Escucha, escucha el eco de tus pasos cuando descendiste la primera vez porque aquí no volverás.

Escucha, escucha, incansable viajera, no podrás quedarte allí donde te llevo.

Escucha, escucha, una vez que salgas se cerrará la puerta.»

Mientras el cuco hablaba, Nix sonreía: los latidos, las voces y los ecos hacían vibrar ligeramente las paredes del túnel, y la sensación era placentera como un cosquilleo. El Canal la envolvía como una capa de terciopelo. Sus manos acariciaron la cálida superficie y el tacto era tan agradable que la niña se detuvo y cerró los ojos. Entonces percibió el blando olor que la rodeaba y respiró profundamente. Algo duro que había dentro de su pecho también empezó a ablandarse.

Nix notó cómo las paredes se estrechaban aún más en torno a ella, como si la abrazaran. Deseó quedarse allí para siempre, escuchando el TAC TIC TAC TIC TAC TIC, tierno y melodioso como una nana. Nada allí le era hostil, nada le era extraño, nada le era ajeno: ni el color, ni el olor ni el sonido ni el tacto. Sacó la punta de la lengua, lamió la pared y le supo salada, pero no supo si era el sabor del Canal o si eran sus lágrimas, porque tenía la cara mojada.

La niña se acurrucó, metió el pulgar en la boca y, chupándolo, se dejó ir a la memoria del cuerpo, anterior al lenguaje, anterior a los recuerdos.

—¡Nix! ¡NIX!

La voz del cuco resonó en el túnel:

¡NIX
NIX
NIX
NIX
NIX
NIX
NIX
NIX
NIX!

El nombre de la niña fue rebotando contra las paredes elásticas desde la parte superior del túnel hasta aterrizar con un suave BOP en su cabeza.

—Deprisa, deprisa —exclamó el cuco—, o nos cerrarán la Segunda Puerta.

Nix entreabrió los ojos, felices y somnolientos, y los volvió a cerrar. No deseaba moverse ni atravesar ninguna puerta ni llegar a ningún lugar. No recordaba adónde iba ni de dónde venía y también habría olvidado con quién viajaba si el cuco no la hubiera despertado de ese dulce ensueño. Debía advertirle que ya no necesitaba un guía, pero se sentía tan a gusto que, antes de empezar a hablar, olvidó lo que iba a decir y se adormiló de nuevo. La voz del cuco llegaba hasta ella lejana, muy lejana:

«Despierta, Nix, despierta, en el limbo estás.

Despierta, Nix, despierta, entre dos mundos nadie se puede quedar.

Despierta, Nix, despierta: el lugar más cálido está aún por llegar.

Respira hondo y abre los ojos: tu vida te espera ahí delante, allí detrás.»

El cuco batió las alas con energía y el aire se deslizó por el Canal y alcanzó el rostro de Nix igual que un viento fuerte y persistente. Con los ojos aún cerrados, la niña intentó escabullirse, pero el Canal era tan estrecho que resultaba imposible esconderse. Parpadeó varias veces sin saber dónde se encontraba. El viento aleteaba en su cara con un rumor de palabras:

«Estás entre allí y allá, entre la luz y la sombra, entre tu madre y tu madre, entre un tiempo y otro tiempo.

Estás dentro de un reloj sin segundero ni minutero ni agujas para marcar el obstinado avance de las horas.

Estás sobre el tiempo, suspendido como un puente entre el pasado hacia el que avanzas y el futuro al que retrocederás.

Despierta, Nix, despierta: tenemos que seguir antes de que el reloj se ponga en marcha con su estricto compás: antes-ahora-después.»

El cuco siguió aleteando hasta que estuvo bien seguro de haber espabilado a la niña.

—Ya voy, ya voy, pero, por favor, detén el viento —rogó Nix, parpadeando.

Tan pronto lo dijo, el cordón que salía de su ombligo se tensó y tiró de ella. El cuco había reanudado el vuelo y los tirones no desaparecieron hasta que Nix se movió. El melodioso TAC TIC TAC TIC TAC TIC del reloj se convirtió en una marcha militar que marcaba los pasos de la niña: derecha, TAC, izquierda, TIC, derecha, TAC, izquierda, TIC. Izquierda, derecha, izquierda, derecha, izquierda, derecha.

A medida que avanzaba, el olvido se disipaba como una niebla. Cada paso hacía más ligero el dolor del abandono con su corte fantasmal de sombras: la herida de no haber sido suficientemente amada, la duda de no merecer el amor, el tormento de no saber quién era, el temor a la traición. El miedo, la angustia, la desconfianza, el recelo... se alejaban de Nix, dejando libre la senda hacia el lugar del mundo donde todo había comenzado. La niña recorría el camino como los pájaros que vuelan en busca de la felicidad.

TAC TIC TAC TIC TAC TIC

Aquel Canal parecía no tener fin.

—Señor Guía, ¿cuándo llegamos? —preguntó Nix.

—Deprisa, más deprisa —contestó el cuco, mientras surcaba la sombra granate del Canal. La luz rojiza rodeaba su cuerpo como un halo. Parecía un ser de otro mundo. Un mensajero alado imponente y autoritario.

—Señor Guía, ¿cuánto tiempo llevamos viajando? —preguntó la niña.

—¡Chitón! ¡A callar! ¡No distraigas al pájaro guía! —respondió el cuco, que había recuperado su malhumor habitual.

—Señor Guía, ¿falta mucho? —preguntó Nix.

—¡Deprisa! ¡Más deprisa!

Entre preguntas y respuestas siempre iguales, llegaron a la Segunda Puerta. O eso anunció el cuco:

—¡Llegamos!

Lo primero que vio Nix fue un hermoso faro situado allí donde terminaba el camino. Pero, al aproximarse, comprobó que se trataba de una pared abombada a través de la cual se filtraba una luz dorada. El cuco sacó de debajo de las alas el aro de metal donde colgaban sus llaves y empezó a rebuscar. En aquella claridad ambarina, el manojo emitía un extraño fulgor. El pico del pájaro se movía entre las llaves como una pala entre las brasas.

No se detuvo hasta que encontró lo que deseaba. Se dirigió entonces al centro de la pared, situó el pico en un punto y giró con delicadeza la cabeza en leves semicírculos. Debía de ser una tarea muy difícil porque le temblaban las alas del esfuerzo.

—Misión cumplida —exclamó—. Ni el cerrajero más hábil lo hubiese hecho más rápido ni mejor.

El pájaro giró entonces la cabeza gris hacia la niña, fijó en ella sus ojos redondos y oscuros, abombó las líneas castañas y blancas del pecho y dijo con solemnidad:

—Escucha con atención: hemos llegado a tu destino. Detrás de esta puerta se encuentra la barriga de tu madre de la barriga. Cucú cu-cuando saque la llave de la cerradura, la puerta empezará a crecer poquito a poco. Tan pronto llegue a los diez centímetros deberás pasar. Sólo tú puedes entrar.

Nix abrió sus ojos mayúsculos, pero no logró ver la puerta y, aún menos, la llave y la cerradura.

—Pero, Señor Guía, yo no veo nada.

—No veo nada, no veo nada. Siempre la misma cantinela —rezongó el pájaro, molesto por la interrupción. Luego carraspeó y prosiguió su discurso—: Cucú cucuando yo me vaya, no te entretengas. Escucha: el tiempo vuela.

El muelle del reloj empezó a vibrar. Los ojos del

cuco se redondearon aún más mientras contemplaba a la niña.

—Cucú cu-cuando el TAC TIC TAC TIC TAC TIC suene tan deprisa que sólo entiendas TCTCTCTC habrá llegado el momento de salir. Allí dentro no te puedes quedar. El sonido TCTCTCTC será la señal. No lo olvides, porque no habrá un pájaro guía que te avise. Yo ahora debo marchar.

Nix se puso pálida.

—Pero yo no sabré regresar sola.

—Vuelve por el camino por el que vinimos.

—¿Y si me pierdo?

—Empieza por el principio y continúa hasta que llegues al final. Sal por la Segunda Puerta, recorre el Canal sin mirar hacia atrás y cuando atravieses la Primera Puerta habrás llegado a una casa.

—¿Una casa? ¿Qué casa?

—Recuerda: dos nacimientos —el cuco extendió dos plumas en el extremo del ala derecha—, dos destinos —y extendió dos plumas en el extremo del ala izquierda—. Debes elegir tu hogar.

Nix empezó a temblar.

—¿Y si me equivoco? Señor Guía, ¿no me puedes ayudar?

—*One flew east, one flew west and one flew over cuckoo's nest*[1] —fue la respuesta del cuco.

—No lo entiendo. ¿Qué significa eso?

—Que cada persona ha de elegir su camino. Tú has acudido a mí porque estás indecisa, pero el cuco no puede decidir por ti.

—Pero ¿cómo sabré cuál es mi hogar? —se lamentó la niña—. ¿Cómo sabré cuál es mi hogar verdadero?

1. Uno voló hacia el Este, otro voló hacia el Oeste y un tercero voló sobre el nido del cuco.

—Sigue el consejo del pájaro guía: no hagas tu nido en el frío; en el lugar más cálido está siempre la felicidad.

—Pero yo tengo dos madres. ¿Cómo sabré cuál es mi madre verdadera? ¿Cómo sabré cuál es mi familia verdadera?

—La familia te es dada siempre. Te es dada aquella que te adopta y también aquella en la que naces. No es posible elegir a la familia, pero el amor sí es una elección. Nadie puede obligarte a querer. Ni siquiera el propio amor. Incluso cuando surge torrencial y poderoso dentro de ti, puedes rechazarlo. Aceptarlo o no aceptarlo es tu elección.

—¿Qué hago? ¿Qué hago? —Nix temblaba tanto que le castañeaban los dientes.

—Confía en tu corazón.

La niña conocía la dulzura del amor, pero también había conocido su crueldad. El amor de la madre Cigüeña no había conseguido que olvidara que, al nacer, había sido rechazada. ¿Cómo iba a fiarse de su corazón? El amor era como un pájaro que, en cualquier instante, puede alzar el vuelo y desaparecer.

Nix se estremecía de forma incontrolada y el Canal, que la envolvía igual que una segunda piel, empezó a temblar a su vez.

—¡Para o serás expulsada antes de entrar! —gritó el cuco, que se tambaleaba encima del muelle intentando no perder el equilibrio. Las sacudidas eran tan grandes que, sin pensarlo, el pájaro extendió un ala hacia la niña:

—Chupa como si fuese un caramelo. Deprisa, deprisa, chupa —dijo, ofreciéndole su preciosa ala tallada en madera de tilo.

La niña la prendió con los labios y empezó a succionar como si fuese un chupete.

—Puajjj —exclamó el cuco al sentir la lengua húmeda, pero no retiró el ala porque tenía la esperanza de que, con la ayuda relajante del tilo, las sacudidas se detendrían.

El temblor fue amainando poco a poco, mientras Nix succionaba con los ojos cerrados. Creyéndola dormida, el pájaro hizo varios intentos de recuperar su ala, pero, a pesar de la suavidad con que se movía, Nix siempre se estremecía y los temblores recomenzaban con mayor intensidad. Así que tuvo que resignarse a que la niña siguiera empapándolo de saliva.

Nix empezó a adormecerse, pero aun dormida no dejaba de chupar. Cuando se cansó del ala, siguió con la cola y, así, desplazando la boca como un caracol, fue lamiendo las patas, las dos alas, el abdomen, el pecho... Puajjjj, exclamaba el cuco, pero, temeroso de que volvieran las sacudidas, se dejaba chupetear. Puajjjj y requetepuajjj, repetía con el cuello bien estirado para salvar la cabeza. De nada le sirvió, pues antes de que se diese cuenta, se había convertido en un chupa-chups en la boca golosa de la cría.

Cuando Nix dejó de succionar, el cuco asomó el pico y empezó a toser medio ahogado, pero el ruido ya no asustó a la niña, que dormía tranquila. Aliviado, sacó el cuerpo entero y, tras sacudirse varias veces para quitarse la saliva, anunció con gran alegría:

—Cucú cu-cuando llega el momento de irse, hay que despedirse volando. Adiós —y desapareció.

El veloz FIUUUUUUUUU del muelle que se encogía despertó a Nix. Tenía la boca entreabierta y la punta de la lengua fuera. No vio al cuco, pero aún pudo escuchar su voz, que resonaba en el Canal:

—Cucú cu-cuando estés dentro de la barriga no olvides leer la hoja de instrucciones que venía con el reloj. No lo olvides.

Nix se palpó las braguitas y comprobó que allí seguía la hoja. A sus pies estaba el cordón que el cuco había extraído de su ombligo para anudarlo al muelle cuando ella se resbaló y cayó por el Canal. Antes de irse, el pájaro lo había desatado y ahora, suelto, parecía una madeja deshecha. Nix lo recogió y empezó a girar como una peonza para enrollarlo en torno a su cintura. Un flujo cálido y persistente recorría el interior del cordón como el agua en una manguera. Tras dar varias vueltas, la niña tuvo que detenerse. El extremo final desaparecía al otro lado de la puerta y, por más que tiraba, no conseguía recuperarlo. Nix sonrió: ¡el botón! El cordón debía estar enganchado al botón que tenía en la barriga la madre china.

Aunque se había quedado sola en el Canal, se sentía muy tranquila. La tila había borrado sus miedos y angustias, y aquel breve descanso, con el cuco dentro de su boca, le había dado nuevas fuerzas para proseguir. Ya se ocuparía del cordón más adelante, ahora debía continuar el viaje.

Miró detenidamente la pared que filtraba la hermosa luz dorada.

En el muro liso apareció un punto. Nix se quitó las braguitas para que nada la entorpeciera. El punto fue creciendo hasta convertirse en una coma, una rendija, un orificio redondo como una mirilla... Así hasta que alcanzó los diez centímetros y se detuvo. Era una entrada diminuta. Nix, que llevaba la hoja de instrucciones en una mano, sujetó el pomo con la otra y, como había hecho con la Primera Puerta, cerró los ojos, abrió y entró.

XVII

EL FINAL ES EL INICIO

Un agua tibia absorbió a Nix. El resplandor dorado que filtraba la pared al final del Canal poseía allí dentro un hipnótico tono rojizo. Batió las piernas para salir y respirar, pero sus manos tropezaron con una pared. Giró entonces en busca de la línea donde terminaba el agua y empezaba el aire. Era difícil orientarse, ya que la luz no provenía de un solo lugar, como sucede en las piscinas o en el mar. Mirara donde mirase, la niña encontraba la misma luminosidad púrpura, como si se hubiera zambullido en el sol de poniente.

Nix se desplazaba sin esfuerzo en aquel espacio, leve y denso al mismo tiempo. Más que nadar, parecía volar. Apenas un ligero movimiento le bastaba para impulsarse, girar o cambiar de sentido, y esto último debía hacerlo a menudo, ya que no conseguía ubicarse. Tenía la sensación de que iba hacia abajo cuando pensaba dirigirse arriba y que se movía hacia la izquierda cuando creía apuntar a la derecha. En el mundo al revés que le había anunciado el cuco, la luz resultaba tan confusa como la oscuridad.

Mientras buceaba, iba soltando el cordón que llevaba en torno a la cintura. Lo liberaba como si fuese un bramante muy largo y ella, una cometa. Cuando el cordón se hubo desenrollado por completo, Nix había hecho tres descubrimientos fundamentales. Para empezar, desde que franqueó la Segunda Puerta, no había respirado. Había buceado sin encontrar nada más que paredes y agua. Estaba sumergida en un espacio clausurado y su resistencia se estaba agotando. Golpeó la pared para romperla y escapar al Canal, pero sus pies y sus puños, lejos de encontrar oposición, se hundían como si chocasen con plastilina. «¿Qué hago? —se preguntó angustiada—. No puedo llamar al cuco para que me ayude porque tragaré agua y me ahogaré. Pero si no salgo pronto de aquí, también me ahogaré.»

Nix contuvo la respiración hasta que no pudo aguantar ni un segundo más y entonces...

...se rindió y respiró...

...

El agua entró en su cuerpo como si fuese aire. Y como si fuese aire, Nix respiró a pleno pulmón. Inspiró y espiró con miedo al principio, pero, al ver que nada pasaba, empezó a jugar: aspiró, sopló, tosió, suspiró y hasta bostezó. Estuvo un buen rato abriendo la boca de par en par y desperezándose porque no hay nada más contagioso ni cansado que un bostezo.

«Respiro igual que un pez», se dijo, mientras sentía cómo el agua la envolvía igual que el tejido más delicado.

El segundo descubrimiento fue igual de sorprendente, aunque no tan placentero. El largo cordón que nacía en su ombligo se movía y la movía sin cesar en suaves círculos. La niña giró como la aguja de una brújula y comprendió que estaba inmersa en una esfera. La barriga de la madre de la barriga era redonda como la bola del mundo. Nadando y bostezando, comenzó a explorar aquel espacio sin esquinas, recodos ni pliegues. Se desplazaba en el agua como si surcase el cielo y el cielo fuese un gran océano. Al fin y al cabo, cuando el agua es como el aire y el aire es como el agua, lo normal es que los peces vuelen y los pájaros naden. Pronto comprobó que la puerta de entrada había desaparecido sin dejar rastro, como si nunca hubiese existido.

Estaba encerrada.

Aún le quedaba el tercer descubrimiento.

El oscuro pelo de Nix flotaba en torno a su cabeza como una esponjosa y brillante corona de algas. De vez en cuando bebía, aunque el agua no le agradaba mucho, pues estaba templada y tenía un ligero sabor a sal, pero el viaje por el Canal la había dejado seca y, a traguitos espaciados, iba apagando su sed. El agua la mecía con su melódico arrullo: TAC TIC TAC TIC TAC TIC. Con un ligero sobresalto, recordó al cuco. «¡Ay! Aquí no me puedo quedar y aún no he encontrado lo que he venido a buscar. ¿Habrá acabado mi tiempo? ¿Tendré que salir ya?»

Se concentró en el sonido como si, además de niña, pez y pájaro, fuese una gran oreja. TAC TIC TAC TIC TAC TIC hacía pausadamente el reloj, y a ese compás acomodaba sus latidos el corazón: *pom pom, pom pom, pom pom*. «Aún tengo tiempo», suspiró aliviada.

Sabía bien qué tenía que hacer.

Debía hallar el botón que la mantuvo unida a su madre hasta que, en el momento de nacer, se soltó para salir al mundo.

Ligera e ingrávida, Nix dejó caer la hoja de instrucciones, sujetó el cordón con ambas manos y, ondulando el cuerpo para impulsarse, se dirigió al extremo donde debía hallarse el botón. Pero cuando llegó descubrió que el cordón finalizaba en la pared. Tiró de él con todas sus fuerzas con la esperanza de que el botón se encontrara en el otro lado. Tiró y tiró, pero la pared cedía blandamente a las sacudidas, mientras el cordón seguía sólidamente anclado.

En la barriga no existía ningún botón, tal como le había advertido la madre Cigüeña. Ése fue el tercer y último descubrimiento.

Nix sintió una gran decepción.

Siempre había imaginado el botón como la mano que le tendía la madre china para que no se separara de ella. Su ausencia hacía aún más abstracta y más lejana a aquella madre desconocida.

La niña se sentía desamparada, sola, perdida. Deseó salir y pensó en el cuco y, al pensar en el cuco, recordó la hoja de instrucciones del reloj, pues el pájaro le había advertido que la leyera. Nadó hasta ella, pero el papel empezó a deshacerse en el líquido tan pronto lo desdobló. Intentó apresar los pedazos con las manos, pero cada vez estaban más blandos. Trató entonces de leer lo escrito sin tocarlo, pero ante sus ojos se produjo un desleimiento progresivo hasta que la hoja desapareció y sólo quedó una mancha de tinta flotando.

El TAC TIC TAC TIC TAC TIC del reloj empezó a sonar un poco menos pausado o, tal vez, era el corazón el que latía más agitado al pensar que aquel largo viaje no había servido para nada. «¡Si al menos estuviera aquí el cuco! Lo mantendría sumergido como una bolsita de tila y así me tranquilizaría y podría pensar», suspiró la niña. Estaba preguntándose dónde estaría el pájaro cuando la mancha de tinta se aproximó. Estaba tan cerca que, bizqueando, Nix tuvo que alejarla con la mano como si fuese una mosca.

La tinta se disgregó en minúsculas gotas, que se proyectaron sobre la pared cóncava de la esfera formando un mensaje:

«Bienvenida a la barriga de la madre de la barriga.»

Nix miraba y no sabía si leía o no leía, pues cada palabra era simultáneamente una imagen. Así, al leer «barriga» había visto un gran huevo, el interior de una cueva y un vientre embarazado, y todo lo había visto al mismo tiempo. Era muy extraño, pues la palabra, el huevo, la cueva y el vientre no habían aparecido unos encima de otros, sino que cada cosa se había presentado por separado y con gran claridad.

Lo que había sucedido con la palabra «barriga» se repitió con el mensaje completo.

«No te inquietes porque haya desaparecido la hoja de instrucciones. Aquí dentro nada hace falta porque está todo, pero hay que saber mirar para que lo invisible se haga visible.»

No eran palabras acompañadas de imágenes que las ilustraran, como en los cuentos o en los tebeos. Tampoco eran imágenes acompañadas de palabras que las explicaran, como en los cuadros o en las fotos. Ni siquiera eran imágenes que sirvieran de palabras, como es el caso de los jeroglíficos. Se trataba de algo mucho más sofisticado: eran, al mismo tiempo, palabras e imágenes en movimiento. No estaban separadas, como agua y aceite, sino que se habían fundido, como azúcar en agua. Aquel lenguaje singular, al igual que un anzuelo, atrapaba lo oculto y lo traía a la superficie.

La luz había disminuido, aunque su tono rojizo era más intenso. El contenido de la hoja de instrucciones se proyectaba en la esfera como en una pantalla de 360º.

«Éste fue tu mundo durante nueve meses. Aquí planeaste como un pájaro, navegaste como un pez y flotaste como un astronauta en el espacio, aunque la mayor parte del tiempo dormías. ¡Ni te imaginas cuánto dormías!»

Nix contempló el pájaro que cruzaba la pantalla circular, majestuoso como un águila que oteara un pez deslizándose en la boca silenciosa del mar, esa hermosa mancha azul que admiraba un astronauta inmerso en el espacio, abovedado y negro como el vientre en cuyo centro estaba ella ahora con sus ojos mayúsculos y el pulgar metido en la boca.

«Cuando llegaste aquí, las paredes estaban desnudas como las habitaciones de una casa sin estrenar. ¡Qué gran regalo para una niña que desea pintar!»

Una sombra cayó como un telón sobre la imagen, que era una y muchas al mismo tiempo. El agua donde Nix estaba sumergida onduló como el fuego que ahora iluminaba los muros y el techo rugosos de una cueva donde una niña pintaba usando sus dedos, pequeñas ramas quemadas y cañas huecas por donde soplaba finas líneas ocres, rojas, amarillas y negras. La niña era morena y estaba desnuda, como Nix.

«Los hombres siempre pintan aquello que anhelan. Lo hicieron los primeros antepasados en las cuevas de piedra. Tú también pintaste lo que deseabas mucho antes de nacer. La barriga de tu madre de la barriga fue tu cueva.»

La niña que Nix contemplaba dibujaba sobre paredes que nadie antes había tocado. Su cueva la envolvía como una membrana de piedra, protegiéndola del mundo y su violencia.

Aquello que pintaba adquiría vida ante los ojos mayúsculos de Nix. Vio unas piernas abiertas y flexionadas como una montaña por las que asomaba el rostro arrugado de un bebé. Sintió un húmedo olor a tierra mezclado con olor a sangre, a sudor, a carne palpitante. La densa fragancia a vida nueva. Nix no veía el rostro de la mujer, pero escuchó sus gritos, desgarrados y poderosos. Aquellos gritos salían de entrañas de carne y retumbaban en las entrañas de piedra. Madre e hijo estaban a punto de separarse, el cuerpo de él todavía dentro de ella, el cuerpo de ella transformado en puerta. El vértice de aquellas piernas entreabiertas por donde salía el pequeño marcaba el fin y el inicio.

Con el corazón palpitante por el nacimiento que acababa de contemplar, Nix se ovilló en la barriga. El mensaje continuaba proyectándose en la cálida esfera.

«Lo que más te gustaba pintar era a la mamá de la barriga donde te encontrabas, aunque no sabías cómo era. Ningún bebé lo sabe.»

Ante los ojos de Nix apareció un árbol verde y frondoso. Lo reconoció enseguida: era el mismo que estaba dibujado en el reloj de cuco que le había regalado su madre. Lo miró detenidamente, pero no encontró la puertecita oculta en la copa. Hacia el árbol volaban numerosos pájaros con vistosos plumajes rojos, naranjas, ocres y amarillos. Los había con enormes picos planos y anchos, otros de picos largos y afilados, y otros con picos pequeños como ganchos. No detuvieron su vuelo hasta encontrar refugio entre las ramas del árbol. El sol entraba en la copa de tupidas hojas como una lluvia de pequeñas monedas de oro que los pájaros picotearon intrigados. Un pajarito reposaba sobre otro de mayor tamaño. El vínculo afectivo que los unía los aislaba como un círculo del resto.

A la sombra del árbol apareció una multitud de madres embarazadas. «¿Cuál de todas será mi madre?», se preguntó Nix. Muy excitada, onduló el cuerpo para aproximarse a la pared de la esfera donde surgían las imágenes. Las mujeres parecían pegadas por las barrigas. Habían formado un círculo y charlaban muy animadas, se gastaban bromas y reían.

Cucú-cucú, resonó en el interior de la copa del árbol. «¡Cuco, cuco!», llamó Nix dando grandes voces. «¿Quién de todas estas madres es mi madre?» Cucú-cucú, replicó el cuco. «Eso no es una respuesta», dijo la niña, molesta, y le repitió la pregunta: «¿Quién es mi madre verdadera?» El líquido en el que estaba sumergida daba a aquello que veía el mismo tono dorado del sol del ocaso. Las mujeres habían empezado a despedirse, se besaban y ya algunas se alejaban del árbol diciendo adiós con la mano. «¡No os vayáis!», les imploró Nix y, sin perder un minuto, volvió a llamar al cuco: «Deprisa, cuco, las madres se van y aún no sé cuál es la mía.» Sus ojos se movían por el árbol hacia arriba —«¡Cuco, cuco, ayúdame!»— y hacia abajo —«¡Esperad! ¡Será sólo un momento!»— y de nuevo hacia arriba —«Cuco, cuco, dime quién es mi madre» —y de nuevo hacia abajo —«¡Por favor, quedaos un instante!»—. Nix fue señalando con el dedo a cada una de las mujeres, mientras aguardaba que el cuco respondiera, pero en el árbol no se escuchó nada.

Las madres ya habían desaparecido cuando el cuco dijo cucú-cucú. Dijo exactamente eso, cucú-cucú, que era igual que no decir nada, y calló.

Nix estaba furiosa, había perdido la oportunidad de averiguar quién era su madre de la barriga y la culpa era del cuco. Con el ceño fruncido y llena de rabia, alzó la vista hacia el árbol e increpó al pájaro: «¿Tú eres tonto o te lo haces? Estoy segura de que no quieres asomarte porque estás escondido poniendo tus huevos en el nido de otros pájaros. Pues ándate con cuidado, porque les voy a contar tu engaño.» El cuco no contestó. En realidad, ningún sonido escapaba del árbol, como si con las madres también hubiesen partido los pájaros.

El sol se había retirado y ya no alanceaba las ramas para arrojar sus pequeñas monedas de oro. Encerrado entre las hojas, el aire era más pesado y poseía un denso color verde oscuro. La algarabía de trinos y gorjeos había desaparecido y ahora reinaba el silencio.

En el silencio hablaban las hojas.

Shhhhhhhh, shhhhhhhhh, susurraban.

Shhhhhhhh, shhhhhhhhh, y la niña se fue calmando.

Shhhhhhhh, shhhhhhhhh, y su enojo y sus preocupaciones se fueron desvaneciendo.

Shhhhhhhh, shhhhhhhhh y sus párpados cayeron, pesados, muy pesados.

Shhhhhhhh, shhhhhhhhh.

Nix se durmió, flotando suavemente en la esfera.

Unos zarandeos la despertaron. El líquido, que antes la mecía, oscilaba con gran agitación. Ante ella estaba el árbol; en cada extremo estaba posado un pájaro. Ambos miraban con sus redondos ojos negros hacia el centro de la copa. Allí donde debía estar la puertecita del reloj, había un agujero. De su interior surgió una voz afinada y musical que Nix reconoció inmediatamente:

«Cucú cu-cuando salgas de aquí no llevarás nada contigo, igual que sucedió cuando naciste por primera vez. En el Canal olvidarás la felicidad de vivir protegido y al llegar afuera no recordarás nada, pero sentirás frío, un frío tan intenso que tendrán que abrigarte para aliviar tu dolor. Pegada a tu piel viaja la única memoria que guardarás del paraíso; por eso lloran los niños al nacer, por el calor perdido. El olvido ya no te abandonará. Tras el nacimiento seguirá un tiempo confuso, pero sobrevivirás si confías ciegamente en tu corazón. Sabrás qué es bueno y qué es malo porque el bien conforta y el mal hiela. Esa sabiduría no la borra el olvido.»

«Pero yo no sé dónde ir, soy muy pequeña», pensó Nix.

«Tú eres la puerta...», prosiguió el cuco. «...Tú eres el pasadizo oculto que no lleva más que a ti.»

Calló la voz y las imágenes desaparecieron de la pantalla circular que formaba la esfera. La oscuridad se adentró por la nariz de Nix, invadió sus oídos, cegó sus ojos, llenó su boca. Jamás se había sentido tan sola, y la soledad aumentaba su fragilidad y su miedo. Una brusca sacudida la volteó. La esfera había comenzado a contraerse y dilatarse como una medusa al compás del TAC TIC TAC TIC TAC TIC del reloj, que ahora sonaba más rápido.

La niña temblaba tanto como cuando temió resbalar en el Canal y caer al vacío. Deseó que estuviera con ella el cuco. Al recordarlo, se metió el pulgar en la boca y empezó a chuparlo con fuerza. «No sé qué hacer. ¡Soy una niña!», pensó llorosa. «¡Soy pequeña!», exclamó enfurruñada. Y, al decir esto último, su irritada voz también se empequeñeció:

«Soy pequeña.»

Se acurrucó, mientras era zarandeada de un lado a otro de la esfera. Había seguido al cuco en el viaje al revés creyendo que en la barriga de la madre de la barriga encontraría la felicidad. Confiaba en que, al volver, desaparecerían la angustia, el dolor, la soledad. Pero no había sido así. La barriga sólo era el lugar donde todo había comenzado. La felicidad estaba fuera.

Ante Nix empezó a dibujarse la puerta por donde había entrado.

Sintió un escalofrío, como si por las ranuras de la entrada apenas esbozada se colaran las inclemencias del exterior.

A medida que la puerta se perfilaba con mayor claridad, la niña temblaba con más fuerza, igual que temblaba el líquido donde estaba sumergida. Comenzaron a castañearle los dientes y entonces recordó los labios morados de Nox aquella vez que fueron a la playa en otoño y su hermana insistió en bañarse. Cuando salió del mar temblaba como una hoja, sus padres la regañaron, pero ella les sonrió y ellos se rieron al ver una sonrisa tan grande y tan morada.

Nix sintió un nudo en la garganta.

Y, mientras lloraba, sintió calor.

Sus ojos mayúsculos hicieron entonces visible lo invisible.

Una luz dorada recorrió la elástica esfera con el firme trayecto de un faro. Bajo su foco surgió en la pantalla circular todo lo que Nix, en algún momento, había contemplado y deseado: el Armario de las Lenguas con sus enormes patas de dragón, las barrigas, las puertas cerradas, la golondrina con la hebra colgando del pico, la flecha de la familia, los latidos del corazón...

El corazón latía muy deprisa, como un tren que avanzara a toda velocidad.

Las imágenes giraban rápidamente, al igual que en un zoótropo, convirtiendo los pájaros en peces, los peces en flechas, las flechas en árboles, las copas de los árboles en las faldas de las mujeres, el ombligo de los vientres embarazados en la puertecita del reloj de cuco, el cuco...

El cuco miraba fijamente a la niña.

¡Nix deseaba tanto oírle de nuevo! Entonces recordó lo que el pájaro le había repetido una y otra vez en el Canal:

«No hagas tu nido en el frío.»

Las imágenes se desvanecieron para siempre.

La luz desapareció.

Nix estaba sola de nuevo. Aún temblando, frunció el ceño porque el cuco se había desvanecido. En el silencio resonó con una claridad inusitada el TAC TIC TAC TIC TAC TIC. El agua de la barriga estaba cada vez más fría y la esfera se contraía y se dilataba con tanta fuerza que la niña comprendió que el momento de salir se acercaba.

«Dos nacimientos, dos destinos.» Las palabras del cuco martilleaban en su cabeza. Su corazón latía tan deprisa como el reloj. Pom Pom, Pom Pom, Pom Pom. La envolvió una corriente cálida a la que siguió una corriente fría. Nix era pequeña y tenía miedo, pero su valor era inmenso. Había sobrevivido al abandono, al orfanato, al viaje con dos desconocidos hacia lo desconocido. Había sobrevivido a la desaparición de su primera lengua, al extrañamiento, al descubrimiento del amor unido al temor terrible de su pérdida, a la realidad diaria de ser diferente. Había sobrevivido con el ceño fruncido, sí, pero con su fuerza intacta.

El viaje al revés llegaba a su fin, pero el fin era el inicio. Ahora le tocaba a ella elegir su camino. Su destino:

El lugar más cálido.

La felicidad.

La esfera ciñó su cuerpo y lo lanzó hasta la puerta entreabierta, de tal modo que su cabeza quedó encajada, impidiéndole moverse. El TAC TIC TAC TIC TAC TIC iba ya tan deprisa que sólo se escuchaba un TCTCTCTCTCTCT atronador. La niña sintió una nueva sacudida y la puerta se abrió un poco más. Recordaba bien el trayecto: todo derecho, descenso en picado y un giro justo antes de llegar a la Primera Puerta, que protege del otro lado una densa arboleda.

Resistiendo la presión del agua en su espalda, liberó

la cabeza y se giró para mirar la esfera por última vez, pero sólo percibió frío y tinieblas. Volvió el rostro, encajó de nuevo la cabeza y cerró los ojos. Al hacerlo, creyó oír el grito lejano de una bandada de pájaros. Con un estruendo, la puerta se abrió. Nix sintió un leve contacto en el rostro, como un roce de plumas en los labios, antes de que un movimiento imparable la impulsara hacia delante.

Luego vino el olvido.

Un rugir de agua, como cuando revienta una presa, empañó los cristales del dormitorio de Nix, humedeció las sábanas, ablandó las patas de la cama...

Pero en la casa nadie oyó nada porque todos dormían.

AGRADECIMIENTOS

En esta historia están las voces de amigos que respondieron con entusiasmo a todas mis extrañas preguntas sobre onomatopeyas:

Hsiu Chen Huang y Jorge Camacho fueron mis asesores en chino,

Mónica Baña, en portugués,

Sigrid Kraus, en alemán,

Diana Segarra, en italiano,

Nick Lyne, en inglés.

Nick es también el autor de la balada *Baaa Baaa Blues.*

Diego me regaló su extraordinario mapamundi.

Tomás fue el primero que leyó la novela con sus inteligentes ojos de lector.

Le siguieron Sigrid, Lola, Cristina, Diana, María y Mónica.

Y, de nuevo, Tomás.

El cuento *La cosa perdida*, que la madre de Nix empieza a leer a la niña, es de Shaun Tan.

Ledig House (Estados Unidos) me ofreció la habitación con vistas donde comencé a escribir esta novela, que nació como un regalo para mi ahijada.

Ella, como todas las musas, es pequeña y portentosa.

ÍNDICE

Seix Barral

19
20 11

Centenario